Human Being Leiderschap

W0342729

Eduard J. Baas

Human Being Leiderschap

Een gedurfde kijk op leiderschap

CvBp

Centrum voor Belevingspsychologie

Colofon

Vormgeving: *Jelle - Ontwerp, Foto & Druk*
Redactie: *Rudolf Sneller*
Uitgeverij: *Centrum voor Belevingspsychologie*
Oude Delft 197
2611 HD Delft
info@cvbp.nl
www.cvbp.nl

Met dank aan Giarte BV te Amsterdam voor het realiseren van deze uitgave.

ISBN: 978-90-825290-1-2
NUR 801, Management algemeen
Copyright © 2021 Eduard J. Baas

Alles in deze uitgave mag je gebruiken, overtikken, knippen, plakken, vertellen, kopiëren of in welke vorm dan ook de wereld inbrengen. Graag zelfs. Maar als je dat doet, dan is het wel fair om bij wijze van bronvermelding mijn naam daarbij te noemen. Dit hele boek integraal kopiëren en uitgeven is uiteraard niet de bedoeling. Want dit is wel een uniek en origineel werk, waar ik veel inspiratie en een zekere mate van transpiratie in heb gelegd. Bovendien vindt de uitgever dat – begrijpelijk – ook niet prettig.

Alle quotes zonder bronvermelding zijn van de auteur.

“

Een leider zet zijn talenten in om de
organisatie te laten groeien,
een Human Being Leider zet zijn persoonlijke
groei in om de organisatie te laten bloeien.

Inhoudsopgave

Voorwoord 12

Een woord vooraf 14

Deel 1 Leiderschap in **historisch** en **psychologisch perspectief** 18

Klaar voor onder water? 20

Een korte leeswijzer 20

De rol van onbewuste patronen 21

Literatuur en opleidingsaanbod 22

Succes als hindernis voor ontwikkeling 23

Hoofdstuk 1 Leiderschap in **historisch** perspectief . 24

Van pion tot persoonlijk leider 28

De mens als pion 29

De mens als middel 29

De mens als ondergeschikte 29

HRM: de mens als resource 30

HBM: mensen in organisaties 30

HBL: de autonome mens als persoonlijk leider 31

Leiderschap met oog voor de Natuur van de mens 32

Aandacht voor andere kwaliteiten 32

Een nieuwe en duurzame basis 33

De leider als 9-jarige 35

Leiderschap vanuit de menselijke maat 38

Hoofdstuk 2 Van Human **Resource** Management naar Human **Being** Management 40

De HBM-filosofie in kort bestek 44

Structuur, Cultuur en Natuur 44

De veranderende taak en rol van de manager 46

Hoofdstuk 3 De **psychologie** van leiderschap...... 54

Belevingspsychologie 58

Belevingspsychologie brengt je dichter bij wie je bent 58

Schaduw en projectie 59

Schaduw is onbewuste pijn 59

Omgaan met je schaduw 60

Projecties herkennen en erkennen 61

Gevangen in projecties 63

Schaduwwerk is onmisbaar 63

Schaduwkanten zijn niet zwart-wit 64

Leiderschap en coaching op bewustwording 67

Een belevingscoach is onmisbaar 67

Onbewuste patronen zichtbaar maken 69

Het meten van onbewuste competenties 71

Kerncompetenties en aangepaste competenties 73

Competenties en hun vervorming tijdens druk of stress *74*

Effecten van aangepast gedrag 75

Terecht onbenutte competenties 76

Hoofdstuk 4 Van Human Being **Management** naar Human Being **Leiderschap** 80

Circle of Change 84

Circle of Change voor het individu 86

Zelfreflectie 86

Bewustwording 86

Beslisruimte 86

Verantwoordelijkheid 87

Maskeren 88

Rebelleren 88

Etaleren 89

Inspireren 89

Het fenomeen back-fire 89

De Circle of Change voor het team en voor de organisatie 92

Voor het team 92

Voor de organisatie 92

Meer keuzemogelijkheden 93

Innerlijke processen 94

De veranderende taak en rol van de leider 95

Deel 2 Leiderschap in **de praktijk** 104

Drie vormen van leiderschap 106

Hoofdstuk 5 **Persoonlijk** leiderschap 108

Innerlijke waarde 112

Deksel op drijfveren 113

Egomasker: subtiel aanwezig 113

Voorbeelden genoeg 114

Een ander fundament 115

Van binnen naar buiten 116

De zeven kernwaarden van Human Being Leiderschap . 119

Hoofdstuk 6 Persoonlijk leiderschap **als manager** . . 122

Andere invalshoeken 126

De dilemma's van de HRM-manager 127

Een hardnekkig misverstand 128

Het oudersyndroom afleggen 130

Afschuiven van verantwoordelijkheid 132

De HBM-visie op leiderschap en management 133

Vier uitgangspunten 133

De hamvraag: werkt HBM? 137

Gericht competentiemanagement 138

Hoofdstuk 7 Persoonlijk leiderschap **als leider** 142
Drie uitdagingen voor elke leider 146
Van restrictiestructuur naar vertrouwenscultuur 147
Organisatieveranderingen 148
Natuurlijk veranderen 149
Veranderen onder leiding van een Human Being Leider 150
Organisatieverstoringen 153
Angst is een veenbrand 153
Vermijden van angst door consistentie 156
Waardecreatie door bewustwording 157
De uitingsvormen van angst 158
De uitingsvormen van schuld 160
Vier vormen van organisatiecultuur 162
De Cultuur en Natuur van:
De rolcultuur (Realisme) 164
De persoonscultuur (Gevoel) 166
De taakcultuur (Ratio) 167
De machtscultuur (Intuïtie) 168

Een woord achteraf 170

Bijlage A - Het onbewuste 174
Het collectief onbewuste 175
Het persoonlijk onbewuste 176

Bijlage B - Scriptie VU: Onbewuste processen in organisaties 178

Bijlage C - Meten van aangepast gedrag 214
Meyers Briggs Type Indicator (MBTI) 214
Analytical Competence Tool (ACT) 214

Bijlage D - De Transactionele Analyse van Eric Berne .. 216
De Ouder 216
Het Kind 218
De Volwassene 219

Bijlage E - Zenger – Folkman: 16 Leadership competences 222

Bijlage F - Begrippenlijst 225

Bijlage G - Namenlijst 231

Bijlage H - Bibliografie 236

Voorwoord

Tien jaar geleden leerde ik Eduard kennen als nieuwe partner van mijn moeder. Inmiddels ben ik zelf ondernemer en begeleid ik individuen en teams in organisaties bij het maken van keuzes. Als ik terugkijk op de afgelopen tien jaar herinner ik me veel goede gesprekken. De grote en kleine vragen van het leven kwamen voorbij. Dankzij Eduard heb ik me al vroeg kunnen verdiepen in onderwerpen als onbewuste drijfveren en patronen uit je kindertijd, wat een groot verschil maakt in mijn persoonlijke leiderschap. Tijdens een van deze gesprekken vertelde hij me een verhaal dat altijd bij me is gebleven:

Hij vertelde over een man die trouw iedere dag hetzelfde rondje door zijn stad liep. Hij had niet veel spullen bij zich, op een waardevolle munt na. Zodra hij bij zijn stamcafé aankwam legde hij de munt op de hoek van een tafel. Hij zou de munt laten liggen als hij iets zou hebben geleerd van mensen die daar met elkaar aan het praten waren. Hopend op een gesprek dat niet inwisselbaar was, dat iemand anders niet net zo goed had kunnen vertellen, maar dat werkelijk ergens over ging. Zijn hoop was gevestigd op unieke verhalen, verteld door unieke mensen. Verhalen die zouden aanzetten tot verwondering in plaats van vermoeidheid. Dit verhaal is, na het lezen van dit boek, fantastisch toe te passen is op leiderschap.

Ik ken Eduard als vader, onderzoeker en ondernemer. Vanuit zijn levensverhaal weet ik dat hij altijd al een echte technische wetenschapper is geweest. Niet een achtergrond die je vaak ziet bij iemand die zich verdiept in persoonlijk leiderschap. Na de verkoop van zijn vorige bedrijf en de ACT®-meting heb ik gezien hoe er iets bijzonders gebeurde. De onomstotelijke werkelijkheid dat persoonlijk leiderschap de leidraad is in het leven, werd helderder dan ooit. Dat maakt dat Human Being Leiderschap niet slechts een concept is, maar ten diepste door hem is doorleefd. Ik merk dat niet alleen in zijn ondernemerschap, maar ook in zijn vaderschap. Waarom zeg ik dat in een boek over leiderschap? Dit boek gaat duidelijk voorbij de grenzen van zakelijk en privé. Het gaat namelijk over jou.

Als eigenaar van BigChoices inspireert dit boek me in het ontwikkelen van mijn houding ten aanzien van alles wat daarbij komt kijken. Het wijst me de weg naar mijn eigen leiderschap en bevestigt dat alles wat je doet in de buitenwereld een reflectie is van je binnenwereld. Het begint bij jou. Wat me als jonge vrouw trots maakt is dat dit leiderschapsboek in de vrouwelijke vorm geschreven is. Zo wordt in mijn ogen de nieuwe realiteit bevestigd dat leiderschap zowel vrouwelijk als mannelijk is. Human Being Leiderschap brengt het bewuste en het onbewuste samen, en nu ook het vrouwelijke en het mannelijke. Ik voel me zo vrij om je uit te nodigen om een munt neer te leggen tijdens het lezen van dit boek, zeker wetende dat je de munt zult laten liggen.

Madelief Nijhof

Een woord vooraf

Human Being Leiderschap gaat over mensen. Mensen op de werkvloer, mensen als manager, mensen als leider. Daar is al zo veel over geschreven… wat is er nieuw?

Nieuw is dat ik je meeneem naar een voor veel mensen onbekend terrein: het onbewuste. Iets dat iedereen binnen een organisatie in zich heeft, maar waar niemand bij stilstaat. Dit boek wil je er toe bewegen dat je aandacht geeft aan de onbewuste aansturing van je gedrag. En daarbij loop ik als auteur tegen een aantal stevige problemen aan.

Dat begint al bij de afbeelding van dit rode vlak hiernaast. Sommige lezers – of nog waarschijnlijker: alle lezers – zullen dit als een grijs vlak ervaren. En dát is het probleem: hoe kan ik je als lezer meenemen in een kleurrijke vertelling als je die kleur nog niet kunt onderscheiden?

Een goed begin: meteen al een diskwalificatie van je vermogen om kleuren te zien. Maar zo is dit niet bedoeld. Waar het mij om gaat, is dat je nog niet eerder jouw aandacht op jezelf en op anderen hebt gericht op de manier die dit boek bepleit. Niemand zou vreemd opkijken als een wiskundige jou een complexe formule voorlegt en vervolgens zegt dat jij die niet begrijpt. Dat zul je niet als een belediging ervaren, omdat wiskunde jouw vakgebied niet is.

Maar hoe anders ligt dat als ik je vertel dat jij jezelf nog niet goed kent! Dan worden de wenkbrauwen gefronst en gezegd:

"Ik ben nu 43 jaar en jij beweert dat ik mijzelf niet ken?"
Ja, dat beweer ik.

"Ik ben leider van een groot bedrijf met 4200 man in dienst en jij hebt het lef om mij te vertellen dat ik mijzelf niet ken?"
Ja, dat lef heb ik.

I am Trump and I was the president of the United States of America and you tell me that I do not know myself?"
Yes, even you.

Ik nodig je graag uit om in plaats van het onbekende te verwerpen, je te verwonderen.

Persoonlijk leiderschap

Leiderschap roept associaties op met mensen die leiding geven aan grote, spraakmakende bedrijven. Maar daar denk ik fundamenteel anders over. Ik ben van mening dat elk mens, ongeacht haar of zijn positie, persoonlijk leiderschap nodig heeft om zich in de wereld kenbaar te maken, haar of zijn leven vorm te geven en relaties echt te doorleven.

Laat ik met mezelf beginnen. Ik ervaar heel sterk dat mijn leven elke dag opnieuw vraagt naar mijn persoonlijk leiderschap. Ik ben nu 69 jaar en recent heb ik mijn bedrijf verkocht. Na die verkoop werd ik teruggeworpen op de vraag: wat wordt mijn nieuwe zingeving? In de afgelopen jaren bestond mijn leven voor een belangrijk deel uit het vormgeven van mijn bedrijf. Daarbij vervulde ik meerdere rollen: leider en researcher.

Deze mooie en leerzame tijd, met de ontwikkeling van het meetinstrument Analytical Competence Tool (ACT)® en de filosofie achter Human Being Management (HBM) ligt nu achter me. Vanuit die leegte ontstaan, zoals altijd, weer nieuwe ideeën, met nieuwe zingeving en vernieuwde levenslust. En de nieuwe stap waaruit dit boek is ontstaan: tonen van persoonlijk leiderschap en daarin groeien als een volgende stap op de stepstones van het leven.

En nu jij

Leiders en managers hebben meer dan anderen baat bij persoonlijk leiderschap, omdat juist zij door hun status, kennis en positie het verschil kunnen maken. Vandaar dit boek: het laat je het hoe en waarom zien van persoonlijk leiderschap voor elke leider en elke manager, ten bate van de mensen en de organisaties voor wie zij werken. Maar bovenal leg ik in dit boek aan jou de vraag voor: wat betekent persoonlijk leiderschap voor jou?

En je hebt maar één ding nodig om dit boek op waarde te schatten: verwondering. Verwondering over jezelf, je mooie kanten, je gevoelige kanten, over de dingen die je verstopt houdt voor anderen, de dingen die anderen irriteren... en dan ook over nog de dingen die je helemaal niet van jezelf weet. Verwondering effent het pad om op onbewust niveau naar jezelf te kijken. Ik wens je daarbij veel lees- en leerplezier.

Eduard J. Baas, Juni 2021

Leiderschap in **historisch** en **psycho-logisch** perspectief

Deel 1 Leiderschap in **historisch** en **psychologisch perspectief** 18

Klaar voor onder water? 20

Een korte leeswijzer 20

De rol van onbewuste patronen 21

Literatuur en opleidingsaanbod 22

Succes als hindernis voor ontwikkeling 23

Deel 1

Klaar voor onder water?

De hedendaagse vakliteratuur over leiderschap en management is ruimschoots voorzien van vernieuwende inzichten, inclusief tal van aantrekkelijke termen die kleur geven aan het leiderschap. Een leider is op zijn minst authentiek, visionair, sociaal, persoonlijk, charismatisch en effectief. Verreweg de meeste van zulke leiderschapskwaliteiten hebben één gemeenschappelijk kenmerk: ze zijn zichtbaar en geënt op alles wat we bewust waarnemen. Ze zijn uitgebreid omschreven met alle karakteristieken die daarbij horen. Maar feitelijk is er in die stapel vernieuwende inzichten weinig nieuws onder de zon, omdat al deze leiderschapskwaliteiten gebaseerd zijn op waarnemingen die we al kennen, toepassen en gebruiken. Anders gezegd: bijna al die inzichten zitten boven water. Dit boek zoekt lezers die opnieuw of voor het eerst onder water willen kijken. Die nog wat bij willen leren, al zijn ze nog zo ervaren en succesvol.

Een korte leeswijzer

Het boek bestaat uit twee delen, een meer theoretisch georiënteerd Deel 1 (met de hoofdstukken 1, 2, 3 en 4) en een praktijkgericht Deel 2 (met de hoofdstukken 5, 6 en 7). In hoofdstuk 1 laat ik zien hoe leiderschap in de loop van de geschiedenis is geëvolueerd van autoritair leiderschap naar de autonome mens als leider. Hoofdstuk 2 geeft de overgang weer van het traditionele Human Resource Management (HRM) naar het vernieuwende Human Being Management (HBM). Daarna belicht ik in hoofdstuk 3 de psychologie van de mens, waarmee zij[(1.1)] meer dimensies kan geven aan leiderschap dan tot nu toe het geval is. In hoofdstuk 4 schets ik hoe je vanuit organisatieperspectief naar een persoonlijk perspectief kunt gaan in Human Being Leiderschap.

Vervolgens beschrijf ik in de hoofdstukken 5, 6 en 7 de praktische kant van persoonlijk leiderschap als manager en als leider. Het boek gaat dus zowel theoretisch als praktisch over leiders die meer ruimte willen

Note 1.1: *Daar waar in dit boek over zij wordt gesproken, kan ook hij worden gelezen – en andersom.*

scheppen om te komen tot wat dit boek bepleit: het bewust worden van onze onbewuste aansturing. En daarmee van de enorme impact die deze bewustwording heeft op de leider zelf en op haar organisatie. Deze bewustwording resulteert uiteindelijk in het tonen van Human Being Leiderschap. Dat wil zeggen: verantwoordelijkheid nemen voor je beslissingen, op een manier die van nature bij je past. Niet op basis van waarden die buiten jezelf liggen, niet om wat anderen zeggen, maar op grond van eigen innerlijke beleving.

De rol van onbewuste patronen

Tijdens mijn opleiding in de analytische psychologie leerde ik het onbewuste kennen. Voor die tijd, in Redmond, Seattle, USA deed ik als manager bij Spacelab Medical als hoofd R&D ervaring op met de ideeën van William Bridges, zoals beschreven in zijn boek Managing Transitions. Daarna, op de Vrije Universiteit in Amsterdam, leerde ik het verandermanagement verder te verdiepen. Dit alles voegde ik toe aan mijn jarenlange werkervaring als persoonlijk therapeut en changemanager. Daarin ben ik vaak aspecten tegengekomen die naar mijn mening niet alleen door bewust, zichtbaar gedrag van mensen te verklaren zijn. De echte aansturing van elke mens wordt gevormd door zijn onbewuste aspecten, die hij als patroon van vroeger heeft meegekregen.

Mijn vader gaf mij bij thuiskomst een compliment over mijn zelfgemaakte gebouw van Bambino (een soort Lego). En terwijl hij mij zijn compliment gaf, brak hij het deels af en bouwde een betere versie. Als iemand mij nu een compliment geeft, wacht ik onbewust op datgene wat het weer afbreekt. Een compliment kan ik daarom niet goed ontvangen. Deze ervaring uit mijn jeugd beïnvloedt onbewust hoe ik personen beoordeel die mij een compliment geven. Onbewust verdenk ik ze ervan dat ze mij elders niet zo positief bejegenen (ofwel: mijn werk weer afbreken).

Ziehier een voorbeeld hoe een patroon van vroeger, dat met de beste bedoelingen werd gegeven (vader wilde zijn zoon beter leren bouwen) een rem wordt op je ontwikkeling. Dit gaat niet over éénmalige gebeurtenissen. Nee, dit is gebaseerd op een terugkerende ervaring dat vader zijn zoon iets wil meegeven. Dat terugkerende noemen we een patroon. En dat patroon is onbewust geworden. De persoon van het voorbeeld is zich van dat onbewuste bewust geworden. Dat betekent dat hij een patroon uit de opvoeding zodanig herkent dat hij kan inzien dat zijn gedrag van vandaag daardoor beïnvloed wordt. Dat hij bewust weet dat als iemand hem een compliment geeft, dit echt en oprecht kan zijn in plaats dat het direct in het bakje 'twijfelachtig' valt.

Literatuur en opleidingsaanbod

Bewustwording en onbewuste zijn termen die nog niet geïntegreerd zijn in management- en leiderschapsboeken, opleidingen en workshops. Of ze worden wel gebruikt als marketingtool, maar dan gaat het over leren en weten; kennis en ervaring opdoen. Dat is, zo zal blijken, iets anders dan onbewuste patronen bewust krijgen. De tendens naar meer bewustwording is aan het groeien, maar komt nog in weinig typen van leiderschap tot uitdrukking, ook omdat de (internationale) opleidingen dit niet doceren. Er is geen onderdeel over leiderschap in combinatie met de aansturing van je onbewuste, wat zeer helpend zou zijn in de ontwikkeling van leiderschap.

Als ik een greep doe uit de diverse actuele boeken, artikelen en publicaties op dit gebied, dan kom ik tot een (ongetwijfeld onvolledige) selectie van vijftien vormen van leiderschap met de volgende karakteristieken:

Horizontaal (Adriaan Bekman), Situationeel (Paul Hersey & Ken Blanchard), Authentiek (Bas Blekkingh), Effectief (Stephen Covey), Spiritueel (Wessel Ganzevoort), Persoonlijk (Wibe Veenbaas & Piet Weisfelt), Coachend (Rudy Vandamme), Mindful (Michael Carroll), Ontraadseld (Manfred Kets de Vries), Dienend (Peter Burgerjon & Marlies Harlaar), Evolutionair (Peter Merry), Nieuw (Daniël Goleman), Echt (Ietje Lindermann & Marcel

Wanrooy e.a.), Verbindend (Harrie Aardema) en Geheim (James Kouzes & Barry Posner).

Maar er zijn zeer weinig auteurs die ook de onbewuste innerlijke patronen van de leider (die hij zelf nog niet kent) benoemen. In de net genoemde voorbeelden is dat alleen Wessel Ganzevoort met zijn spiritueel leiderschap. De titel spiritueel vind ik erg ongelukkig gekozen omdat deze term niet waardevrij is en een heel brede betekenis heeft. De inhoud echter is relevant, omdat deze ook een brug slaat tussen externe kwaliteiten en innerlijk bewustzijn.

Ook de leiderschapscursussen en -opleidingen zijn veelal nog cognitief ingericht. Als we kijken naar grote opleidingsinstituten, dan zien we de moderne HBM-filosofie (dat de leider, gedreven door onbekende innerlijke patronen, nog niet de beste versie van zichzelf kent) niet terug in de leiderschapscurricula van de opleidingsprogramma's.

Succes als hindernis voor ontwikkeling

Bij het ontwikkelen van leiderschap speelt een rol dat succesvolle leiders het rolmodel zijn door wie anderen zich graag willen laten leiden. Daarom is het juist voor succesvolle leiders lastig om nog iets nieuws te ontdekken. Want zij zijn al jaren sterk gemotiveerd om te doen wat ze moeten doen: goede beslissingen nemen en het goede voorbeeld geven. Hoe langer hun succes duurt en hoe groter het wordt, hoe moeilijker het is om op zoek te gaan naar het fundament ervan. Want waarom zou je aan die zoektocht beginnen? Het gaat toch prima zoals het gaat?

Maar wie een succesvol leider wil worden of blijven, neemt op tijd de tijd voor een zoektocht naar het leiderschap dat van nature bij haar past. Daarbij is een fundamenteel andere leiderschapsontwikkeling noodzakelijk. Waarin niet alleen de traditionele onderwerpen aan de orde komen (zoals organisatiemodellen, strategisch handelen, missie, visie, statements en nog veel meer), maar ook het blootleggen van onbewuste aspecten. Dát maakt een leider echt bijzonder, omdat zij daarmee een vorm van objectief oordelen, mildheid en vertrouwen weet te scheppen die niet op een andere manier kan worden bereikt. Met dit boek wil ik elke lezer stimuleren om aan dit onderzoek te beginnen.

Leiderschap in **historisch** perspectief

Hoofdstuk 1

Leiderschap in **historisch** perspectief

Hoofdstuk 1 Leiderschap in **historisch** perspectief . 24

Van pion tot persoonlijk leider 28

De mens als pion 29

De mens als middel 29

De mens als ondergeschikte 29

HRM: de mens als resource 30

HBM: mensen in organisaties 30

HBL: de autonome mens als persoonlijk leider 31

Leiderschap met oog voor de Natuur van de mens 32

Aandacht voor andere kwaliteiten 32

Een nieuwe en duurzame basis 33

De leider als 9-jarige 35

Leiderschap vanuit de menselijke maat 38

Van pion tot persoonlijk leider

Door toenemende kennis van de psychologische kenmerken van de mens heeft de leider in de loop van de tijd andere kenmerken gekregen. Aanvankelijk zijn militair-strategisch denken, brute kracht, sluwe manipulatie en jezelf omringen met vertrouwelingen typische kenmerken van leiderschap. En tot de dag van vandaag zijn er leiders die dergelijke trekken van Romeinse keizers vertonen – je kon er in het recente verleden nog president van de Verenigde Staten van Amerika mee worden.

Maar gaandeweg beginnen ook sociale kenmerken een rol te spelen:

- Rond 1950 komt de gedragsmatige kant van de leider sterk naar voren: leiderschap wordt bepaald door je gedrag.
- Pakweg twintig jaar later ligt het accent meer op situationeel leiderschap: welk gedrag vertoon je in welke specifieke situatie?
- In de jaren negentig van de vorige eeuw wordt de visie het cruciale kenmerk van leiderschap: welke visie heeft de leider, kan zij deze overbrengen aan de groep en welk gedrag hoort daar bij?
- Rond de eeuwwisseling komt het coachend aspect van de leider naar boven: op welke manier stimuleert de leider de groep om tot prestaties te komen, en welke kennis en vaardigheden zijn daar voor nodig?
- In 2021 komt het onbewuste aspect van de leider naar boven. Daardoor krijgt zij zicht op haar innerlijke patronen die zij in haar jeugd heeft opgedaan, maar waarvan zij zich niet meer bewust is. Zij voegt daardoor aan haar bestaande repertoire nieuwe dimensies toe, die haar veel geven op het gebied van bewustwording, ruimte om beslissingen te nemen en het dragen van verantwoordelijkheid in de ware zin van het woord.

Leiderschapskenmerken zijn niet los te zien van de ontwikkeling van de werkende mens en van de organisatie waarin mensen werken. Als ik een beeld wil schetsen van de ontwikkeling van de mens en van organisaties, dan zie ik daarin zes fasen:

1) De mens als pion

De allereerste organisaties waren militaire organisaties. De leider was absoluut, autoritair en allesbepalend. Er was geen inspraak, tegenspraak werd gestraft. De mens was daarin de pion die op het schaakbord van het slagveld werd geplaatst. Zonder medezeggenschap, zonder persoonlijke inbreng, zonder ruimte voor eigen beslissingen. De medewerkers waren slechts een nummer en volgden bevelen op.

2) De mens als middel

Leiders leidden organisaties op een autoritaire manier. Mensen waren geboeiden van het werk, waarin betaling en werkuren afhingen van de al dan niet aanwezige humaniteit van de leider. De leider was allesbepalend, maar kreeg oog voor kwaliteiten welke hem in macht en succes ondersteunden en maakte daar gebruik of misbruik van. De mens was geen persoon, geen individu, maar handelswaar. De vele misstanden door dergelijk ego-leiderschap waren na verloop van tijd aanleiding tot wet- en regelgeving.

3) De mens als ondergeschikte

Leiders werden meer en meer gedwongen hun macht te delen, het eigen ego deels te verlaten en oog en oor te hebben voor de belangen van de werknemer. Omdat de positie nog die van ondergeschikte was, organiseerden werknemers zich collectief in de vakbeweging, die opkwam voor hun rechten. Er ontstonden binnen de organisatie vormen van medezeggenschap als tegenwicht voor de macht, zoals ondernemingsraden. Er kwam ruimte voor persoonlijke inbreng. Daardoor won de organisatie aan mogelijkheden, maar werd deze voor leiders ook complexer te besturen.

4) HRM: de mens als resource

Leiderschap wordt humaner, maar ziet de mens als een hulpbron. De organisatie staat nog steeds centraal. De werknemer heeft meer rechten, en is niet langer onderworpen aan de willekeur van de leider. Er wordt door de leider geïnvesteerd in de werknemer via coaching, ziekteverzuimregelingen, ontslagbescherming, gereguleerde vrije dagen, opleiding en persoonlijke begeleiding. De werknemer levert in ruil daarvoor zijn kennis en energie.

5) HBM: mensen in organisaties

De leider wordt nu beoordeeld op haar houding en gedrag richting de werknemers. Er ontstaat een gelijk speelveld tussen de leider en de werknemer. Zij ziet deze niet langer als resource, als bron die je kunt uitputten, maar als deel van de organisatie waarbij het succes van hen afhankelijk is. De mens wordt Human Being die zelfstandig met eigen bevoegdheden kan opereren, zonder directe bemoeienis van leider en/of management.

6) HBL: de autonome mens als persoonlijk leider

Dit boek gaat vooral over de volgende en zesde fase: over de leider die bereid is om zichzelf voorwerp van onderzoek te maken, die haar eigen innerlijke thema's durft te relateren aan haar dagelijks zichtbare gedrag. Dat is de Human Being Leider.

De Human Being Leider wordt de cement tussen de medewerkers door ze in vrijheid hun autonomie te laten leven. De leider die door persoonlijke ontwikkeling dit talent zichtbaar maakt, dit vanuit overtuiging kan aanbieden en daar verantwoordelijkheid voor kan nemen is de leider die anderen laat groeien. De medewerkers krijgen daardoor binnen de organisatie een toegevoegde waarde. Ook omdat zij in autonomie kunnen werken, een effectievere teambijdrage leveren, meer bevoegdheden aankunnen, en beter zicht hebben op wat wel en wat niet tot hun mogelijkheden behoort. De leider kan meer aan hen delegeren.

Leiderschap met oog voor de Natuur van de mens

Aandacht voor andere kwaliteiten

Zo heeft leiderschap in de loop van de tijd zich in samenhang met mens en organisatie in de tijdgeest verder ontwikkeld. De leider is van absoluut boven de groep staan gegroeid naar in de groep staan, wat tot een humanisering van organisaties heeft geleid. Dit boek wil bijdragen aan het verder evolueren naar een volgende fase in het blootleggen van leiderschapskwaliteiten. Deze kwaliteiten worden niet gezocht in gedragsontwikkeling, maar in een nieuw gebied: het onbewuste, ofwel de aansturing onder het gedrag. Zo ontstaat leiderschap dat oog heeft voor de Natuur van mensen.

Onder Natuur verstaan we de onbewuste patronen welke ons gedrag sterk kunnen beïnvloeden, zonder dat we de werkelijke oorzaak van dat getoonde gedrag kennen.

Deze evolutie heeft tot doel dat de moderne leider zicht krijgt op haar Natuur, de eigen onbewuste patronen, want dat geeft haar de mogelijkheid om nog verder en op een dieper niveau aansluiting te vinden bij de moderne medewerker die óók haar onbewuste aan het onderzoeken is. Want modern leiderschap richt zich steeds meer op aandacht voor heel de mens, inclusief haar onbewuste deel. Dat heeft volgens mij twee redenen.

Ten eerste krijgen leiders te maken met complexe vraagstukken die sneller van uiterlijk wisselen dan ooit tevoren. Niets is meer wat het lijkt. Kijk maar naar het gebruik van internet, en naar communicatiemogelijkheden in de vorm van sociale media. Ten tweede vragen de ontwikkeling van het individu en zijn persoonlijke voorkeuren meer aandacht. Voor veel medewerkers zijn groeimogelijkheden belangrijker geworden dan financiële beloning. In het welbevinden van medewerkers scoren ruimte voor mondigheid en zelfstandigheid hoog. Tussen de bijna ongelimiteerde verandersnelheid van communicatie en de ontwikkeling van het individu

laveert de leider met diens kennis, vaardigheden en organisatiestructuren, die allemaal deel uitmaken van haar leiderschapsstijl. Maar dat is niet waar de zelfbewuste medewerker om vraagt. Die vraagt om echtheid, inspiratie, de menselijke maat.

Een nieuwe en duurzame basis

Bij dit alles is de vraag hoe we een duurzame basis kunnen creëren om te evolueren. Daarbij speelt een rol dat leiderschap niet langer primair gebaseerd is op kennis en macht. Kennis veroudert snel, en macht wordt door de autonome mens niet meer gezien als kwaliteit. Als niets meer hetzelfde is, en macht niet meer van deze tijd – waar baseert de leider haar positie, rolmodel en voorsprong op de volgers dan nog op? Die positie krijgt een nieuwe en duurzame basis als de leider beschikt over een beslisruimte [1.2] die meer dimensies omvat dan haar geijkte onbewuste patronen. Human Being Leiderschap handelt vanuit innerlijke beleving, omdat de leider de eigen onbewuste delen onder ogen ziet en zich daarvan bewust is geworden.

Note 1.2: *Beslisruimte staat voor de mogelijkheid om door bewustwording van innerlijke patronen objectiever – dat wil zeggen: los van eigen onbewuste vooroordelen – beslissingen te nemen.*

Om HBL concreet te maken leg ik aan de hand van bestaande vragen als:

- Wat maakt een leider tot leider?
- Heeft een leider uitzonderlijke kwaliteiten en welke zijn dat?
- Is leiderschap herkenbaar?
- Kun je het leren?

de huidige inzichten omtrent leiderschap naast een nieuwe visie met andere vragen:

- Is de leider zich bewust van de vaste patronen waarlangs zij steeds reageert?
- Welke rol spelen onbewuste processen in haar als leider?
- Heeft de leider zicht op haar innerlijke drijfveren en innerlijke dwaalsporen?
- Heeft zij een beeld hoe objectiever oordelen er uit zal zien?
- Heeft zij een beeld van wat werkelijke verantwoordelijkheid is?

Naast de al genoemde leiderschapskwaliteiten moet een leider minimaal kernwaarden bezitten als medemenselijkheid, rechtvaardigheid, deugdzaamheid en moed. Plus nog de nodige analytische, conceptuele en interpersoonlijke eigenschappen. Daar lijkt weinig meer aan toe te voegen, omdat alle hierboven gegeven terminologie feitelijk bewezen is, aannemelijk gemaakt door onderzoek, in literatuur benoemd en door coaches en begeleiders vanuit de praktijk onderbouwd. Kortom: niemand twijfelt aan nut en noodzaak van bovengenoemde kwaliteiten.

In dit boek komt de vraag op tafel: op welk fundament zijn deze alom aanvaarde kwaliteiten gebaseerd? Wat is de basis van bijvoorbeeld medemenselijkheid? Is dat een leerboek? De overlevering van wijsgerige zieners, van goeroes? Of de visie en missie van je organisatie? Datgene wat anderen van je verwachten? Je kennis en vaardigheden? Als dit zo zou zijn, als leiderschap zo zou werken, dan is het vreemd dat er zo weinig echte leiders zijn. Want als het om bovengenoemde kwaliteiten gaat, dan wil iedereen wel diep van binnen een leider zijn. Niet per se van een grote organisatie of in de politiek, maar minstens toch wel in je eigen omgeving. Want fungeren als rolmodel, mogelijkheden naar je eigen hand zetten, anderen overtuigen van je ideeën… wie wil dat nou niet?

Hier geef ik een sprekend voorbeeld van de manier waarop je in het verleden vorm kon geven aan leiderschap:

Bij de aanvang van je carrière start je, als goed opgeleide medewerker met een graad, onderaan de ladder. Je verzamelt kennis, doet mee aan trainingen en je draagt bij aan het team en de organisatie. Je valt op doordat je verstandige dingen zegt over problemen en vernieuwingen, je weet veel en op een dag word je gevraagd teamleider te worden. Je leidt het team, je doet je dingen goed; visie, strategie en missie worden je vanuit de organisatie aangereikt. Je kunt niet met iedereen goed overweg, maar dat wordt weggewuifd want je bent goed in je vak.
Je werkt hard, veel en tot laat in de avond. Bij tegenslag laat je zien dat je een man van staal bent. Je zeurt niet, maar gaat keihard door, een voorbeeld voor iedereen. Je ster rijst verder en je groeit door en door.

Je kennis blijft op peil, je volgt managementopleidingen, maar eigenlijk weet je: dat heb ik niet meer nodig. Je presteert veel op het gebied van kennis, vaardigheid, verbale lenigheid, strategisch handelen, slim manoeuvreren en geen echte keuzes maken waar ze je op vast kunnen leggen. En je schoffeert van tijd tot tijd wat mensen om je heen, maar daar moeten ze maar tegen kunnen. En voor je het weet krijg je, door slim spel, veel kennis, hier en daar wat lobbywerk, schofferen en het geluk dat een beoogd opvolger overlijdt, een prachtige baan… ceo van de nog ongeschonden en gezonde ABN AMRO.

(Vrije interpretatie van mij uit De Prooi van Jeroen Smit)

De leider als 9-jarige

Gezien vanuit de analytische psychologie kunnen we vaststellen dat we in bovenstaand voorbeeld te maken hebben met de leider-oude stijl. Alles ademt hier de sfeer van iemand die zich wil bewijzen, die het nodig vindt om gezien te worden door de buitenwereld. Hier worden dus die onbewuste patronen zichtbaar, die hij heeft opgedaan in zijn leven. Door die patronen gedraagt deze leider zich als 9-jarig kind, omdat hij de patronen uit zijn jeugd zichtbaar maakt in zijn huidige volwassenheid. We zullen hieronder zien dat het schofferen van anderen een projectie is van innerlijke pijn naar buiten. Een voorbeeld van dergelijke projectie ter verduidelijking:

Als boos worden vroeger in je gezin van herkomst werd afgewezen of afgestraft, dan is het een vorm van projectie als je een boos iemand afstraft door hem onbeheerst te noemen. De vroegere afwijzing van jezelf (jij wilde wel boos worden, maar je omgeving accepteerde dat niet), vertaal je naar een actuele situatie die je op dezelfde manier afwijst als vroeger bij jou gebeurde. En dit doe je geheel onbewust, in die zin dat je niet herkent welk mechanisme hieraan ten grondslag ligt. Natuurlijk herken je wel dat je hem onbeheerst noemt, maar het diepere waarom van je reactie blijft verborgen onder je bewustzijnsdrempel.

Schofferen is jezelf groot maken door de ander klein te maken. Je gaat op de ander staan om groot te lijken. Maar de enige die het nodig vindt om groot te lijken, is degene die zichzelf nog niet groot genoeg vindt. Die de uiterlijke wereld nog nodig heeft om groot te lijken. Het verongelijkte kind is een leider die zoveel voorkomt dat het eigenlijk normaal lijkt. En let op: daar is in beginsel niets mis mee! Juist door het kleine jongetje te willen overtreffen, wakkert de mens tal van kwaliteiten in zichzelf aan, die niet per definitie negatief zijn: slimheid, verbale lenigheid, maar ook kennis en vaardigheden. Al zulke kwaliteiten vinden hun oorsprong in de sterke innerlijke drijfveer om jezelf te laten zien. Opdat de buitenwereld ziet wie je bent, maar wel ter compensatie voor het feit dat jij jezelf nog niet kunt zien. Napoleon – om er maar eens één te noemen – is er groot mee geworden.

Het verhaal gaat dat Napoleon op een dag in de gaten had dat een generaal uit zijn staf altijd gebogen liep. De generaal was lang, maar hij liep nooit rechtop. Napoleon sprak de generaal aan en vroeg: "Waarom loop je zo gebogen? Dat is toch niet gepast voor een generaal?" De generaal verklaarde zijn gedrag als volgt: "Ik ben groter dan u, maar u bent Napoleon, vele malen groter dan ik zelf ben. Hoe kan ik dan boven u uitsteken?" Napoleon antwoordde: "U vergist zich. U bent langer. Ik ben groter."

Echter, de Poolse historicus Adam Zamoyski heeft na langjarig onderzoek ontdekt en beschreven dat Napoleon een uiterst onzekere man was met een lage eigenwaarde. Dit compenseerde hij door bravoure en strijd om de innerlijke pijn van 'niet gezien zijn' niet te hoeven ervaren.

Met het voorgaande wil ik duidelijk maken dat in de bestaande leiderschapspraktijk selectie meestal plaatsvindt op basis van zichtbare kenmerken als kennis, vaardigheden, analytisch vermogen en dergelijke. Een leider wordt leider omdat zij in de gegeven situatie goed presteert op zulke kenmerken. Iemand stijgt in 95 procent van de gevallen in de hiërarchie omdat zij inhoudelijke kennis bezit, de dossiers kent en de processen goed uitlijnt. Daarbij niet te vergeten dat zij ook in staat is het politieke spel te spelen. Zij manoeuvreert zich op het juiste moment strategisch in beeld.

Afb. 1.1

Het is belangrijk om te weten dat deze kwaliteiten vandaag de dag zeer worden gewaardeerd, maar dat die waardering niets zegt over de volwassenheid (in het kader van dit boek is dat inzicht in jezelf, verkregen door zelfreflectie, bewustwording en een grotere beslisruimte) van de leider. De literatuur staat bol van de grote leiders die uiteindelijk achterdochtig, overheersend, gelijkhebberig, en uiteindelijk autoritair zijn geworden. Verderop laat ik zien hoe dit in zijn werk gaat: positieve kwaliteiten kunnen ernstig vervormen tot een negatieve kwaliteit zodra er druk en stress ontstaat.

Afb. 1.2

Onderzoek naar het gedrag van mensen haalt het nodige aan menselijke eigenschappen naar boven. Van verheven uitingsvormen als kunst, muziek, literatuur en architectuur tot laaghartige vormen als list, bedrog, manipulatie, onderdrukking, moord en doodslag. Het is duidelijk dat de mens bepaald geen rationeel wezen is. Cognitief gerichte psychologen proberen het irrationele handelen van de mens te verklaren uit gedrag en biologie. Gedrag is dan een kwestie van actie en reactie, en de biologische benadering richt zich op hormonen, hersenstructuren, zenuwbanen en genen. Analytische psychologen duiden het irrationele van de mens vanuit een onbewust deel dat onder de oppervlakte het gedrag van mensen aanstuurt.

Leiderschap vanuit de menselijke maat

Wat psychologen ook verklaren of duiden: elk bedrijf en elke organisatie kent medewerkers, managers en leiders die niet doen wat er van ze verwacht wordt. En als ze dat wel doen, dan komt er vaak de nodige tegenzin en verlies van energie bij kijken. Teams en organisaties zijn daardoor minder efficiënt en effectief dan op grond van hun aanwezig menselijk potentieel mag worden verwacht. HBM pleit er voor de menselijke maat in bedrijven en organisaties te hanteren en de menselijke bron van plezier en voldoening in het werk volop te benutten. Het lijkt daarmee op elke andere vorm van management en/of leiderschap maar dat is het niet. HBM is de eerste managementfilosofie die innerlijke patronen zichtbaar maakt en een verband legt tussen het onechte gedrag van de mens vanuit zijn patronen en het echte gedrag na bewustwording van die patronen. Daarmee sluit HBM aan op een actuele ontwikkeling in leiderschap, die bij tal van bedrijven en organisaties zichtbaar is.

> *"Ik geloof dat er op de lange termijn geen plek is voor klassieke, op winst gerichte bedrijven zonder maatschappelijke relevantie. Een bedrijf draait om veel meer dan winst. Mensen komen niet 's ochtends hun bed uit voor alleen hun salaris of mooie resultaten. Ze willen verbinding voelen en plezier maken op hun werk. Dat laat een bedrijf groeien."*
>
> ***Transavia-directeur Mattijs ten Brink in het Algemeen Dagblad van 24 februari 2017***

Van Human **Resource** Management naar Human **Being** Management

Hoofdstuk **2**

Van Human **Resource** Management naar Human **Being** Management

Hoofdstuk 2 Van Human **Resource** Management naar Human **Being** Management 40

De HBM-filosofie in kort bestek 44

Structuur, Cultuur en Natuur 44

De veranderende taak en rol van de manager 46

De HBM-filosofie in kort bestek

> Als je niet bewust bent van je onbewuste, onderschat jij je werkelijke talenten.

Voordat we in het volgende hoofdstuk de psychologie van leiderschap onder de loep nemen, wil ik eerst in kort bestek de kern van de HBM-filosofie onder je aandacht brengen. Deze filosofie staat uitgebreid beschreven in mijn boek Human Being Management[2.1].

Structuur, Cultuur en Natuur

HBM heeft aandacht voor de gehele mens in de organisatie, en niet alleen voor het smaldeel van zijn kennis, ervaring en mogelijkheden. Aandacht voor gedrag van mensen. Gedrag dat zichtbaar is in bewuste handelingen, maar wordt aangestuurd door onbewuste en onzichtbare drijfveren. Daarom neemt HBM niet alleen de Structuur en de Cultuur van mens en organisatie als leidraad, maar voegt daar een derde leidraad aan toe: de Natuur. Deze drie begrippen lopen als een rode draad door dit boek. Daarom zal ik eerst een definitie ervan geven.

Structuur staat in de HBM-filosofie voor het geheel aan taken, rollen, processen, protocollen en gebouwen van een organisatie, inclusief de wijze waarop deze in onderlinge verhouding staan tot elkaar.

***Note 2.1**: Human Being Management, de vernieuwende managementfilosofie. ISBN 978-90-825290-0-5*

Cultuur staat in de HBM-filosofie voor het geheel aan meetbare, trainbare, verwoordbare en veranderbare menselijke prestaties, vaardigheden, kennis en mogelijkheden die worden aangewend ten bate van de organisatie. Cultuur is vervat in structuren, regels en gedragscodes en is snel veranderbaar door kennis, ervaring en gedragsaanpassing.

Natuur staat in de HBM-filosofie voor het geheel aan indirect meetbare en indirect trainbare menselijke uitingsvormen dat niet kwantificeerbaar is in gangbare termen, maar wel invloed uitoefent op de hele organisatie in prestatie en output, en een eigen dynamiek en uitingsvorm heeft. Natuur is langzaam veranderbaar.

Deze Natuur als derde leidraad maakt ons bewust van de onzichtbare kanten van mens en organisatie, waaronder de nog verborgen talenten van de medewerkers. Aandacht voor de Natuur verandert een bevel in commitment, maakt van oplossingen criteria en doet autoritaire macht uitgroeien tot strategische kracht. HBM houdt de menselijke maat in het oog, met gelukkige mensen in succesvolle organisaties als resultaat.

De HBM-filosofie als zodanig is nieuw, maar de term Being is dat niet. De psychiater Abraham Maslov gebruikte al in 1962 de term Being-psychologie. En managementwetenschapper Henry Mintzberg zei in 2011:

> *"Human Recources, ik vind het een vreselijk woord. Resources zijn economische hulpmiddelen die weggegooid worden als ze op zijn. Een resource is een ding. Ik ben geen ding, maar een human Being. Vind je het gek dat mensen zo weinig betrokken zijn? Er is veel te veel nadruk op de mens als economisch wezen. We zijn toch veel meer dan dat?"*

In de voetsporen van Mintzberg wil HBM de mens niet reduceren tot hulpbron, maar als gehele mens in volle omvang recht doen. Om te illustreren wat er verandert als een traditionele HRM-gestuurde organisatie transformeert naar een vernieuwende HBM-organisatie, zet ik hier de verschillen in taken en rollen van een HRM-manager en een HBM-manager op een rij.

De veranderende taak en rol van de manager

HRM	HBM
Enthousiasmeren De manager moet de medewerkers vrijwel continu enthousiasmeren om het gewenste resultaat te behalen. Hij is veel tijd kwijt aan het tonen van zorg voor zijn team, steekt tijd in het bevorderen van de onderlinge samenwerking en wendt zijn enthousiasme aan om te bemiddelen in conflicten. Het team lost meestal problemen niet zelf op, omdat de verhoudingen zodanig zijn dat de manager 'de baas is' en het systeem zo is ingericht dat hij de oplossing moet aandragen. In zijn enthousiasme kan hij medewerkers meekrijgen om te leveren, niet vanuit een intrinsieke motivatie van de medewerkers zelf, maar omdat ze hem sympathiek vinden. Deze manager zal dus constant moeten blijven enthousiasmeren, anders raakt hij het vertrouwen van zijn medewerkers kwijt en verliezen zij hun motivatie. *Effect* Tijd en energie nodig om mensen gemotiveerd te houden.	**Enthousiasmeren** De medewerker is meer autonoom dan eerder, hoeft minder gestimuleerd te worden, omdat er meer besef is wat verantwoordelijkheid betekent. Door bewustwording wordt een conflict niet direct bij de ander neergelegd maar is er eerst een kijken en ervaren van zichzelf. Medewerkers doorzien hun projectie van de ouderrol [(2.2)] op de manager en beseffen dat zij zichzelf in eerste instantie moeten enthousiasmeren. Het team kan beter en sneller de interne problemen – zowel werkgerelateerd als emotiegerelateerd – oplossen. Het enthousiasmerende van de manager is minder op de persoonlijkheid van de werknemer gericht, maar meer op het verbinden van de diverse individuen. *Effect* Meer tijd en energie om het gestelde doel te bereiken.

Note 2.2: *Zie blz. 48.*

HRM	HBM
Coachen De manager moet vrijwel constant de vinger aan de pols houden bij individuele medewerkers. Bij problemen en conflicten moet hij als manager-coach de medewerker opnieuw motiveren. Hij moet een luisterend oor bieden, waardoor de medewerker zich erkend voelt (door het toezeggen van opleidingen, veranderingen in de taak en de rol en dergelijke). Hij zal de medewerker moeten volgen in haar of zijn ontwikkeling. Daarnaast spreekt de manager ter motivatie regelmatig waarderende woorden, geeft complimenten, en toont begrip voor de fouten die gemaakt worden. Dit alles sluit weer aan op het oudersyndroom van medewerkers en neemt, zoals we weten uit de praktijk, een groot deel van de tijd van de manager in beslag.	**Coachen** De manager heeft nu als focus om de medewerker aan te spreken op het nemen van zijn verantwoordelijkheid. De medewerker beseft dat hij, en hij alleen, verantwoordelijkheid draagt voor zijn taak en rol. De manager volgt de medewerker in die ontwikkeling en stimuleert hem tot steeds meer reflectie op zichzelf, door als manager hetzelfde te doen. Coachen wordt hiermee gezamenlijk onderzoeken op welke wijze het doel het beste bereikt wordt en hoe conflicten gezamenlijk kunnen worden opgelost. De manager hoeft geen energie meer te steken in het gevoel dat de medewerker zich erkend voelt, maar de medewerker beseft dat hij die vorm van erkenning niet van de manager nodig heeft.
Effect Motiveren om medewerker actief en enthousiast te houden. Energie gaat zitten in de medewerker, en niet in doelstellingen.	*Effect* Motiveren op teamniveau om de doelen zo efficiënt en plezierig mogelijk te bereiken. Het team motiveert zichzelf.

Tabel 2.1: De veranderende taak en rol van de manager

HRM	HBM
Vernieuwen Vanuit de hiërarchie krijgt de manager te horen wat de vernieuwing is en hoe deze bereikt moet worden. De manager vertaalt deze opdracht door naar de medewerkers, waarna de medewerkers de vernieuwing doorvoeren. Medewerkers met ideeën kunnen deze in de ideeënbus deponeren, waarbij de leiding bepaalt of het idee navolging krijgt. De manager is hier het doorgeefluik van ideeën voor vernieuwing, en de medewerkers volgen. *Effect* Vernieuwingen komen van de top en zijn daarmee discutabel.	**Vernieuwen** De manager heeft tot taak de visie en de missie van de organisatie te vertalen naar vernieuwende teamdoelen. Dat doet hij in samenspraak met zijn medewerkers. In deze rol laat de manager zien dat hij de visie van de afdeling voor ogen heeft, en zich een voorstelling kan maken van de teamdoelen over drie tot vijf jaar. Hij moet op veranderingen in de omgeving van het werk anticiperen, en de doelen en de middelen van de afdeling daarop kunnen aanpassen. Dit vraagt creativiteit en durf om risico's te nemen, waarbij het initiatief bij de manager ligt. *Effect* Vernieuwingen komen van de werkvloer en zijn daarmee geaccepteerd.

Note 2.2 *(blz. 46)**:** Projectie van de ouderrol op de manager komt voort uit het oudersyndroom. Dit syndroom geeft aan in hoeverre medewerkers een hiërarchische figuur nodig hebben om gemotiveerd te blijven. HBM maakt dit oudersyndroom bewust bij elke individuele medewerker, waardoor de manager de ouderrol niet meer hoeft in te vullen. Een uitgebreide beschrijving van dit fenomeen is te vinden in het Transactionele Analyse-model van Eric Berne (zie bijlage D).*

HRM	HBM
Arbitreren De manager moet tegenstrijdige belangen met elkaar in overeenstemming brengen om het teamdoel niet in gevaar te brengen. Hij zal arbitrage moeten plegen daar waar het team de oplossing niet vindt of consensus daarover niet mogelijk is. Hij zal door zijn arbitrage, ongeacht zijn keuze, een splitsing aanbrengen in het team. Want de betrokken partijen menen allemaal gelijk te hebben.	**Arbitreren** De manager geeft richting aan de medewerkers door ze het conflict zelf te laten oplossen. Niet hij maar de groep corrigeert. Indien het conflict blijft bestaan zal hij geen oplossing aandragen maar het proces van de Circle of Change *(2.3)* toepassen om de groep het alsnog zelf te laten oplossen. Daarmee blijft hij als manager voor iedereen gelijk en wordt er geen splitsing in het team aangebracht.
Effect De manager brengt door arbitrage per definitie splitsing aan in zijn team.	*Effect* De manager motiveert tot zelfonderzoek en pleegt nauwelijks beslissende arbitrage. Splitsing wordt niet langer aangebracht.

Tabel 2.1: De veranderende taak en rol van de manager

Note 2.3: *De Circle of Change bestaat uit de vier benodigde stappen binnen HBM om tot meer verantwoordelijkheid te komen. Deze cirkel toont een continu proces van zelfreflectie, bewustwording, beslisruimte en verantwoordelijkheid. De werking van de Circle of Change staat uitgebreider beschreven in hoofdstuk 4.*

HRM	HBM
Vormgeven De manager moet op basis van een realistische doelstelling zijn team en zichzelf aanzetten om doelen te concretiseren. Om zaken af te maken en af te ronden. Hij moet de voortgang van projecten van het team of van de afdeling stimuleren. En daarbij energie uitstralen; laten zien dat hij de verantwoordelijkheid voor de einddoelen op zich durft te nemen. Al met al is dat hard werken, voorbeelden geven en zaken afmaken.	**Vormgeven** De manager stelt criteria vast, op basis waarvan de medewerkers zelf oplossingsrichtingen aandragen om doelen te bereiken. Het team neemt de verantwoordelijkheid om eigen voortgang te checken en te stimuleren. De manager stuurt niet meer de medewerkers aan, maar de uitvoering van de criteria door deze bij onduidelijkheid aan te scherpen of in het uiterste geval, aan te passen. De manager kan zich focussen op zijn basistaken.
Effect De manager geeft vorm en laat het team zich in die vorm aanpassen.	*Effect* Managen op uitvoering van de criteria, niet op de individuele vorm van elk individu.

HRM	HBM
Bewaken Hier moet de manager teamleden sturen en bijsturen, opdat het proces zo efficiënt en effectief mogelijk wordt doorlopen. Ook moet het proces aansluiten bij de teamdoelen en bij de visie en missie van de organisatie. Hij moet projecten kunnen ontwerpen, goed kunnen organiseren en nadenken over de juiste verdeling van verantwoordelijkheden: wie moet verantwoordelijk worden voor welke taak? Hij moet bewaken of de uitvoering het juiste resultaat oplevert en welk eindresultaat dit moet zijn. Hij rapporteert de voortgang van dit proces aan zijn leidinggevenden. *Effect* Bewaakt het proces van elk individu. Neemt verantwoordelijkheden over.	**Bewaken** De manager bewaakt het proces, niet de medewerkers. Hij bewaakt het proces door het teamdoel te toetsen aan de door de medewerkers voorgestelde oplossing vanuit de criteria. Hij bewaakt of de criteria zodanig zijn opgesteld dat de oplossing inderdaad bijdraagt aan de team- en organisatiedoelstelling. Het team bepaalt zelf, door te lenen en te leren van elkaar, wie welke taak het beste kan uitvoeren en neemt verantwoordelijkheid voor de uitvoering. De manager kan de voorgestelde oplossing verwerpen door aan te tonen dat de criteria niet gevolgd zijn, niet door het niet eens te zijn met de oplossing. *Effect* Bewaken van het proces is veel efficiënter dan het bewaken van elk afzonderlijk individu. De verantwoordelijkheid ligt bij individu.

Tabel 2.1: De veranderende taak en rol van de manager

HRM	HBM
Managen Het managen bestaat hierin dat de manager alle taken en rollen van zichzelf en van zijn teamleden op elkaar afstemt, zodat het team in zijn geheel een betere prestatie levert dan de teamleden afzonderlijk zouden doen. Dit is het eigenlijke managen, dat (zoals al is gebleken uit het voorgaande) grotendeels bestaat uit het managen van individuele medewerkers. Daar komen het managen van conflicten en de verdeling van middelen, taken en verantwoordelijkheden nog bij. Plus het managen van elk individueel oudersyndroom, wat naar mijn inschatting bij normaal opererende teams toch al snel 20 tot 30 procent van de tijd van de manager kost. En bij conflicterende teams kan dat zelfs oplopen tot de helft van zijn tijd. *Effect* Managen van taken en rollen van individuele teamleden.	**Managen** De manager houdt zich minder bezig met het managen van teamleden, maar meer met het managen van de output. Daardoor komt hij midden in het team te staan en niet er boven. Het team wordt geacht de conflicten eerst bij zichzelf te zoeken en niet meer bij de manager neer te leggen. De manager stimuleert de teamleden in het volgen van de Circle of Change, waardoor meer bewustzijn ontstaat van het onderliggende conflict bij het probleem. Hij stuurt meer het proces dan het individu, waardoor hij tijd vrijmaakt voor het scheppen van goede omstandigheden voor het functioneren van het team. Die voorwaarden liggen in kennisverbetering, teamoptimalisering en gezonde promotie van het team binnen de organisatie. *Effect* Managen van output in relatie tot de doelstellingen.

HRM	HBM
Controleren De manager moet de vinger aan de pols houden, controleren of doelen gehaald worden, of de informatie op basis waarvan hij beslissingen neemt wel klopt. Hij moet de grenzen van de regels bewaken gelijk een scheidsrechter in de sport. Hij heeft zorg voor controle van administratieve taken, ook als deze door anderen worden uitgevoerd. Uit al die informatie moet hij snel kunnen selecteren en controleren wat van belang is, om hoofdzaken van bijzaken te kunnen onderscheiden. *Effect* De manager controleert vanuit angst.	**Controleren** Het controleren krijgt een andere basis. De manager controleert niet meer het individu maar de teamoutput. Stelt criteria bij op basis van de oplossing of van de richting die gekozen wordt als de criteria niet geheel passen bij het gestelde doel. Hij is niet meer de scheidsrechter, maar stimuleert eigen verantwoordelijkheid. Vertaalt constant de visie en missie van de organisatie naar concrete teamdoelen. *Effect* De manager controleert vanuit de doelstelling.

Tabel 2.1: De veranderende taak en rol van de manager

Dit alles resulteert in een organisatie met meer zelfbewuste medewerkers, minder conflicten, met meer plezier in werk en daardoor minder ziekteverzuim. HBM is zeker geen Haarlemmerolie voor alle problemen binnen organisaties, maar wel een enorme stap voorwaarts als iedereen zelf verantwoordelijkheid neemt voor haar of zijn taak en rol, en daarbij in staat is om het oudersyndroom af te leggen.

De **psychologie** van leiderschap

Hoofdstuk 3

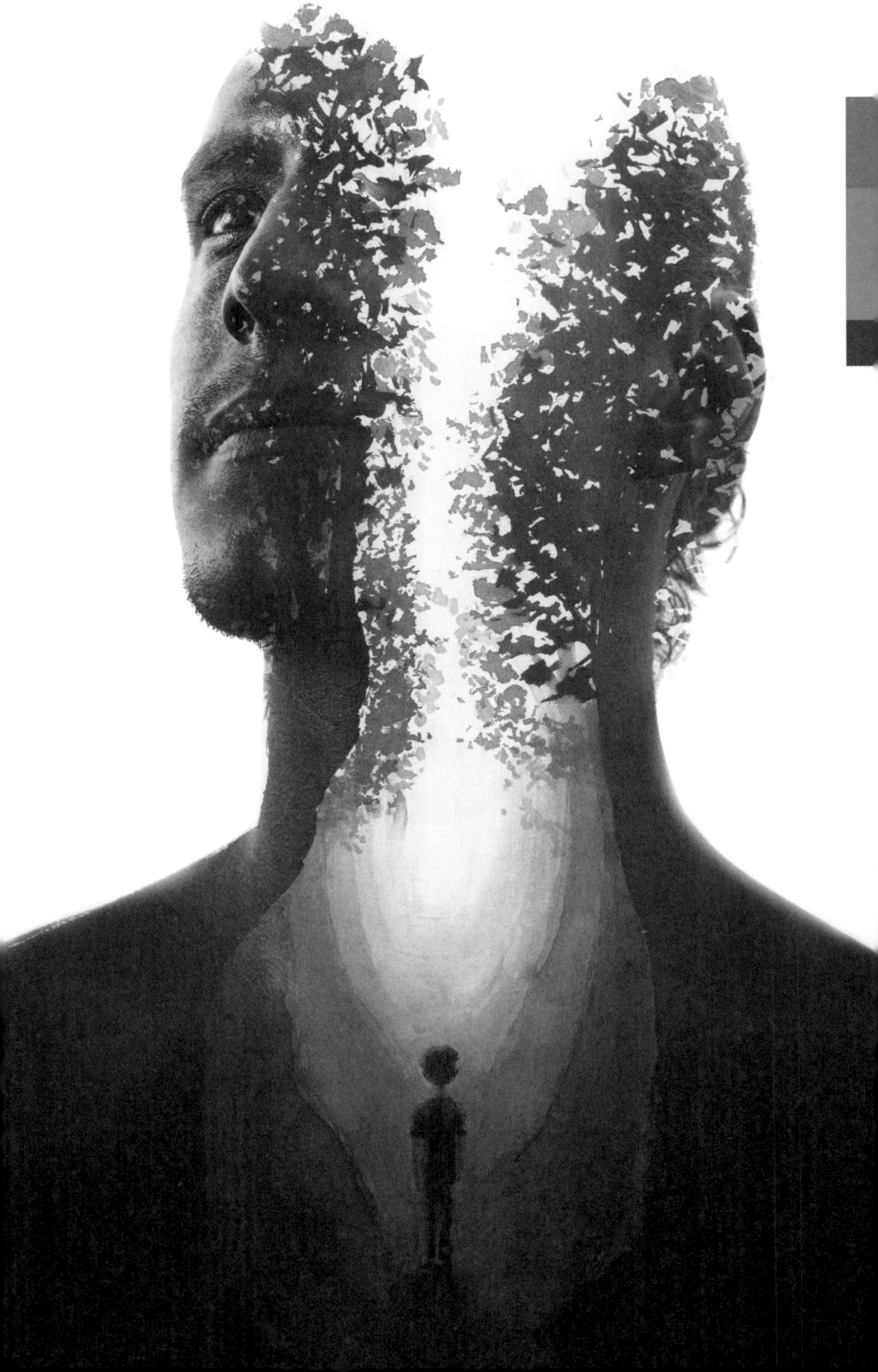

De **psychologie** van leiderschap

Hoofdstuk 3 De **psychologie** van leiderschap 54

Belevingspsychologie 58

Belevingspsychologie brengt je dichter bij wie je bent 58

Schaduw en projectie 59

Schaduw is onbewuste pijn 59

Omgaan met je schaduw 60

Projecties herkennen en erkennen 61

Gevangen in projecties 63

Schaduwwerk is onmisbaar 63

Schaduwkanten zijn niet zwart-wit 64

Leiderschap en coaching op bewustwording 67

Een belevingscoach is onmisbaar 67

Onbewuste patronen zichtbaar maken 69

Het meten van onbewuste competenties 71

Kerncompetenties en aangepaste competenties 73

Competenties en hun vervorming tijdens druk of stress *74*

Effecten van aangepast gedrag 75

Terecht onbenutte competenties 76

Belevingspsychologie

> Alles gaat voorbij, behalve het verleden
>
> *Luc Huijse*

Belevingspsychologie brengt je dichter bij wie je bent

De psychologie kent tal van stromingen, waaronder bekende en traditionele als cognitieve psychologie, ontwikkelingspsychologie en sociale psychologie. Al deze stromingen houden zich bezig met het ontstaan van gedrag, de invloed van gedrag, en het effect van gedrag in de sociale context. Dat is allemaal uitermate nuttig, ook voor leiders, maar ik ben van mening dat de mens meer is dan haar of zijn zichtbare gedrag. Vandaar dat ik al een aantal jaren volop bezig ben met het ontwikkelen van een nieuwe stroming: de Belevingspsychologie. Deze psychologie hanteert als uitgangspunt dat ons gedrag voor het grootste deel wordt aangestuurd door patronen in onszelf die niet direct waarneembaar zijn, omdat ze onder ons bewustzijnsniveau liggen. Bewustwording van deze patronen brengt je bij de essentie van Belevingspsychologie: je komt dichter bij wie je werkelijk bent.

Zoals gezegd: de Belevingspsychologie zelf is nieuw, maar zij is gebaseerd op een oud en degelijk fundament, dat onder meer is gelegd door de Zwitserse psychiater Carl Jung, de Oostenrijkse psycholoog Alfred Adler, de Oostenrijkse psychiater Victor Frankl en de Amerikaanse psycholoog en psychotherapeut Carl Rogers. Belangrijke pijlers van dit fundament zijn twee bekende begrippen uit de analytische psychologie: schaduw en projectie.

> *Iedereen heeft een schaduw. Hoe minder deze in het dagelijks bewustzijn van het individu geïntegreerd is, des te zwarter en dichter is zij. Ze vormt in ieder geval een onbewuste hinderpaal die zelfs onze beste bedoelingen verijdelt.* C.G. Jung

Schaduw en projectie

Schaduw is onbewuste pijn

Elke gebeurtenis die wij eens bewust hebben waargenomen, maar die ondraaglijk voor ons was door de lading die zij had, verdwijnt uit het bewuste deel van onze psyche. Zij blijft sluimeren in ons persoonlijk onbewuste. (Zie het eeder genoemde voorbeeld van het jongetje met zijn Bambino op blz. 21.) De pijn die deze gebeurtenis voor ons ondraaglijk maakte, blijft ook onbewust aanwezig. Carl Jung noemt deze pijn schaduw. Alles wat in een bepaalde cultuur niet mag, zal een aantal eigenschappen, kwaliteiten en mogelijkheden wegfilteren uit ons bewuste systeem. Naarmate de cultuur meer beperkingen oplegt, zal de schaduw groter worden.

We zien dit, als we er oog voor hebben, vaak negatief uitwerken op grote en kleine schaal in de wereld. We zien dat mensen die hun seksuele gevoelens verborgen moeten houden, misbruik maken van hun omgeving. We zien dat mensen die macht hebben, deze vervolgens misbruiken. We zien pubers vanuit een zeer streng ouderlijk huis hun pubertijd gebruiken om zich vrij te vechten met veel meer geweld dan gemiddeld. We zien systemen waar vrijheden worden ingeperkt vrijwel altijd ontsporen, waarbij de onderdrukking steeds omvattender wordt door excessief geweld en repressie. Al deze uitingen zijn uitingen van schaduwgedrag.

Maar de schaduw is niet per definitie negatief. Immers, wat in de ene cultuur wordt afgewezen (en dus in die cultuur tot een specifieke schaduw leidt), zal in een andere cultuur worden toegestaan of zelfs als een deugd worden gezien. Binnen de schaduw kunnen er dus ook deugden zijn. Een cultuur wordt gedragen door de mensen die in deze cultuur leven. Zij hebben invloed – bijvoorbeeld als ouder, opvoeder, leraar – op het jonge kind en daarmee op de vorming van schaduwkanten.

De schaduw ontwikkelt zich op natuurlijke wijze in ieder mens, met name in onze kindertijd. Er spelen talloze krachten en invloeden een rol, en die zijn bepalend voor wat we aan de buitenwereld laten zien. Want schaduw is datgene wat verborgen blijft in onszelf, totdat het zich openbaart via een emotie, onze humor, een gevoel van vernedering en dergelijke. Als we onze schaduw ontkennen, dan zullen we de daarmee verbonden emotie, humor, vernedering en dergelijke ook niet herkennen. We herkennen natuurlijk wel wanneer we een emotie ervaren door toedoen van de ander, maar de oorzaak van die emotie zoeken we buiten onszelf. Die schrijven wij toe aan het gedrag van de ander en niet aan onze eigen schaduw. Het erkennen van je schaduw brengt het besef met zich mee dat niets in de buitenwereld je kan raken als het geen ankerpunt heeft in jezelf.

> De ander kan je alleen emotioneel raken als er een kern van die emotie in jezelf zit.

Omgaan met je schaduw

Het bewust worden van je schaduw is een kwestie van lange adem, zoals Connie Zweig in haar boek *Omgaan met je schaduw* beschrijft:

> *Ontkenning ligt diep in ons verscholen, want de schaduw wil niet uit zijn schuilplaats tevoorschijn komen. Het ligt in zijn aard zich te verbergen, buiten het bewustzijn te blijven. De schaduw treedt dus indirect op; hij gaat schuil in een slecht humeur of een sarcastische opmerking. Of hij treedt dwangmatig op en uit zich in verslavingsgedrag. We moeten dus leren hoe we een glimp van hem kunnen opvangen als hij zich vertoont. We moeten onze zintuigen scherpen, zodat het ons niet meer ontgaat*

wanneer de schaduw tot uiting komt. Dan kunnen we leren hem het hof te maken, hem tevoorschijn lokken, ons van hem bewust te worden door hem te verleiden. Hij trekt zich nogmaals achter het gordijn terug. En weer kunnen we hem geduldig ten dans vragen. Dit langzame proces, waarbij we de schaduw tot bewustzijn brengen, is schaduwwerk.

Wie zijn schaduwwerk serieus heeft aangepakt wordt in eerste instantie nederig en dienend. Het brengt je tot het besef dat de schaduw zo'n impact heeft op uiterlijke gedragingen, dat je tot de ontdekking komt dat jij jezelf maar voor een klein gedeelte kent. Het geeft het dualistische besef weer van je eigen kleinheid, maar gelijktijdig van je eigen grootsheid die in het verschiet ligt omdat er zicht komt op je werkelijke mogelijkheden. En met werkelijke mogelijkheden bedoel ik het inzicht in je beperkende overtuigingen. In je oordelen die gebaseerd waren op onbewuste aannames van de werkelijkheid. Op aannames die jij je hele leven al bij je draagt, maar die niet passen bij wie jij ten diepste bent.

Projecties herkennen en erkennen

Schrijven over projecties is lastig, want een projectie is een onbewust deel van jezelf. Als ik een voorbeeld noem van een projectie en je herkent dat voorbeeld bij jezelf, dan is dat niet de projectie die ik bedoel. De herkenning is rationeel, maar projectie is onbewust. En je herkent alleen het bewuste deel bij jezelf, niet het onbewuste deel. Je kunt dus eenvoudig tot de conclusie komen dat je van een dergelijke projectie geen last hebt, want je onderkent haar al. Vooral succesvolle leiders, mensen die het nodige bereikt hebben, die in aanzien staan, die gezien worden door anderen, die gevolgd worden door anderen, hebben vaak het beeld van zichzelf dat zij zich al heel veel bewust geworden zijn. Maar zo simpel is de menselijke geest niet.

Bewustwording is geen resultaat van nadenken en de hand in eigen boezem steken voor mislukkingen, verkeerde conclusies en dergelijke. Dat is allemaal cognitief, ondanks de emoties en gevoelens die daarbij kunnen optreden. Want de beelden die naar het onbewuste zijn gegaan omdat ze niet langer verdraagbaar waren in het bewuste, zijn vaak niet de mooiste en vriendelijkste beelden. In mijn praktijk ervaar ik telkens weer dat mensen die in aanzien staan niet eenvoudig geneigd zijn hun projecties te herkennen. Laat staan ze te erkennen en terug te nemen. Projectie betekent dat je schuld, angst, emotie en dergelijke, daar waar jij persoonlijk geraakt wordt, subtiel en ongemerkt bij anderen neerlegt.

Voor een leider die door opvoeding en omgeving niet voor zichzelf mocht opkomen en dat dus verdrongen heeft, wordt dit verdrongen deel haar schaduwdeel. Als er nu in haar omgeving een uitgesproken assertieve medewerker opduikt, zal haar schaduw deze onmiddellijk herkennen. En de projectie komt in actie: dat is geen prettig mens, hij is veel te agressief aanwezig. Let op! De term agressie legt de schaduw in je gedachten, hij is niet agressief, maar zo ervaar jij hem. De projectie zorgt er voor dat er geen objectieve waarneming meer mogelijk is, want de nog onbewuste leider weet écht zeker dat zij het goed ziet.

En juist die overtuiging, die zekerheid, is erg lastig te weerleggen. Alles wat er namelijk over dit onderwerp wordt gezegd, raakt opnieuw de schaduw en zal een versterkte projectie opleveren. En omdat de schaduw dit als extra druk ervaart, zal er meer energie gaan naar de projectie. Zo ontstaat er een sneeuwbaleffect van steeds meer druk, steeds meer projectie en steeds meer ontkenning. De emoties kunnen daarbij hoog oplopen en tot een totale verstarring leiden. Een dergelijk onderwerp zal lange tijd en misschien wel voor altijd onbespreekbaar blijven. Omdat de sluimerende schaduw, tot leven gewekt als dit onderwerp weer ter tafel komt, zich sterk zal laten gelden.

> *In de raad van bestuur botsen vooral Joost Kuiper en Wilco Jiskoot steeds heftiger met elkaar. Het zijn twee zeer verschillende mannen. Tijdens de bijeenkomst van de top-tweehonderd worden rollenspellen gespeeld en wordt bestuurders gevraagd om zich aan elkaar voor te stellen. Kuiper loopt met een roos naar voren en vertelt dat hij een kind is van de sixties: peace, love and happiness. Jiskoot volgt met de mededeling: ik ben ook een kind van de sixties: sex, drugs and rock-'n-roll. [...] Al snel gonst het binnen de bank dat Jiskoot en Kuiper niet meer met elkaar door één deur kunnen.*

Uit: De Prooi van Jeroen Smit

Gevangen in projecties

De projectie is dat Kuiper de sixties ziet als *peace, love and happiness*, en Jiskoot ze ziet als *sex, drugs en rock-'n-roll*. Als je uit je projectie zou kunnen komen, dan kun je zien dat de sixties *beide* zijn. Kuiper en Jiskoot zitten gevangen in hun projectie, die ze te danken hebben aan hun persoonlijk pad door het leven, waarin opvoeders bij beide mannen hun accenten hebben gelegd. De projecties zijn inmiddels barricades geworden, omdat elke rationele oplossing door de schaduw direct om zeep wordt geholpen. De uiterlijke kenmerken zijn daardoor helder: niet meer voor rede vatbaar.

Maar onder de rede, beneden de bewustzijnsdrempel, zijn de verschillen minder groot dan gedacht. Als beiden bereid zouden zijn om naar hun projectie te kijken, dan is er een gezamenlijke basis voor een oplossing. Die oplossing blijft buiten bereik zolang ze rationeel gelijk willen krijgen, maar komt in zicht als ze de drijfveren van hun projectie leren herkennen en naar binnen halen. Er is echter lef voor nodig om de negatieve lading in de relatie bij jezelf te zoeken en niet langer bij de ander. Je kunt hier nog zulke dure coachings- en begeleidingstrajecten tegenaan gooien, maar zonder het persoonlijke lef van Jiskoot en Kuiper woekert de projectie onbewust voort. Dan is elke interventie kansloos. Een coach die geen weet heeft van schaduw- en projectiemechanismen kan vrijwel niets beginnen tegen een dergelijk schaduwoffensief.

Schaduwwerk is onmisbaar

In de buitenwereld, de wereld van de ratio, valt hier niets op te lossen dan hooguit wat lapwerk in die zin dat taken en bevoegdheden nog eens scherper worden gesteld. Dat beiden afspreken elkaar te respecteren, niet teveel elkaar tegen te komen of – de dooddoener bij uitstek: het vooral zakelijk te houden. Als er één ding is dat schaduw en projectie niet kunnen is het zakelijk houden. Het onbewuste is bij uitstek emotioneel gedreven vanwege de historie van waaruit deze schaduw is ontstaan. Het helpt de leider niet verder als zij haar kennis, vaardigheden en visie slijpt en polijst, maar verzuimt om haar schaduw in de vorm van projecties te herkennen en erkennen. Zij zal schaduwwerk moeten doen en haar projectiemechanisme moeten leren herkennen. Daarbij kan zij zich de volgende vragen stellen:

- Ben ik mij er van bewust dat mijn perceptie gekleurd wordt door mijn persoonlijke ontwikkelingsgang door het leven?
- Welke eigenschappen van mijzelf verdoezel ik, omdat ze niet bij het beeld passen dat ik aan mijzelf toeken?
- Kan ik herkennen wanneer ik mij irrationeel gedraag en dit koppelen aan eerdere soortgelijke gebeurtenissen, en zo mij bewust worden van de oorzaak van dit irrationele gedrag?

Schaduwkanten zijn niet zwart-wit

In dit boek komen voorbeelden aan de orde uit de praktijk van leiders bij grote bedrijven en instellingen. Ik noem er hier een paar: de Ahold-affaire, de Enron-affaire, ABN AMRO en de wereldwijde oplichter Madoff. Alle voorbeelden hebben met elkaar gemeen dat de meest voorkomende kritiek – die pas ontstond nadat het debacle zich aftekende – betrekking heeft op ijdelheid, manipulatie, een zwak ego en dergelijke. Al deze eigenschappen vertroebelden bij de hoofdrolspelers het zicht op de werkelijkheid en maakten het debacle des te pijnlijker. Hoe konden zulke leiders op zulke posities zo diep zinken?

Dat kon gebeuren omdat de schaduwkanten van ons mensen, zoals hoogmoed, ijdelheid en manipulatie, niet zo zwart-wit zijn als we denken. Schaduwkanten vormen een langzaam glijdende schaal, waarbij de competentie *besluitvaardigheid* in de gloriejaren van de leider een geweldige kwaliteit bleek te zijn. Maar door stress en druk, bijvoorbeeld van de aandeelhouders, ging deze kwaliteit bij enkelen over in *onbezonnenheid* (zie de tabel op blz. 74 voor de effecten van competenties onder druk). Iets dat de betrokkenen zelf niet in de gaten hadden.

Wie bekend is met deze glijdende schaal, kan milder kijken naar de mens die er het slachtoffer van wordt. Dit is geen pleidooi voor het accepteren van de uitingen van schaduwdelen als manipulatie of valsheid in geschrifte, maar wel voor de erkenning dat er in veel gevallen een onderliggend proces aan ten grondslag ligt dat in de buitenwereld vaak niet wordt meegewogen. Ook integere mensen vallen ten prooi aan de schaduw. En de buitenwereld oordeelt over deze integriteit:

Uit het laatste woord van Michel Meurs spreekt verwondering:

"Nu zit ik hier en moet ik me verdedigen. Ik weet niet eens wat ik precies moet verdedigen. Wel weet ik dat ik vecht tegen de beeldvorming; inhoud heeft het verloren van de verpakking. En wel heb ik inmiddels begrepen dat het over integriteit gaat; althans zo lees ik dat in de conclusie van het requisitoir. Het gaat over de integriteit van Ahold, de integriteit van het bestuur van Ahold, mijn integriteit. […] En dat voor iets waar ik oprecht van blijf zeggen dat ik nooit, maar dan ook helemaal nooit, iemand heb willen misleiden, op het verkeerde been willen zetten, of op welke wijze dan ook heb willen benadelen."

Uit: Het drama Ahold, Jeroen Smit

Vanaf de zijlijn is het makkelijk oordelen over deze vertroebeling, maar wij allen hebben te maken met schaduwkanten die onder druk vervormen tot negatieve competenties. Over dit collectieve schaduwdeel komen we veel te weten tijdens dit soort debacles, met name als veel mensen zich daardoor gedupeerd voelen. Dan openbaart kritiek op dit schaduwdeel zich in het eisen van strengere regels en juridische procedures om aandelenverlies te compenseren. Dan wordt de roep om de ideale wereld groter:

De oud-directeur van de VEB (Vereniging van Effectenbezitters) Peter Paul de Vries vindt dat er nog veel te veel vragen onbeantwoord zijn gebleven. Hij wil duidelijkheid over wat er is misgegaan, hoe het heeft kunnen gebeuren en wie hier verantwoordelijk voor zijn.

Uit: Het drama Ahold, Jeroen Smit

En dan komt het interessante: jaren later is Peter Paul de Vries zelf onderwerp van discussie. Hij is, als directeur van investeringsmaatschappij Value8, aangeklaagd door analist Roel Gooskens aangaande het niet op orde zijn van de boekhouding. Helaas wilde De Vries bij die gelegenheid geen antwoord geven op de vragen die hij jaren eerder zelf aan AH stelde en waarmee hij ze aansprak op het feit dat ze geen antwoorden gaven. Hier namelijk wordt hij zélf het onderwerp, neemt de persoonlijke druk toe tot stevige hoogte, en dan vervormen bepaalde kwaliteiten die je normaal gesproken eenvoudig kunt laten zien, en ga je in de ankers.

Er zijn maar zeer weinigen die kunnen inzien dat een persoon werkelijk integer kan zijn, terwijl zijn schaduw hem heel andere dingen laat doen.

Nogmaals: dit praat het getoonde gedrag niet goed, maar het wordt wel begrijpelijk als je in de actuele wereld van eendimensionale beslisruimtes door bewustwording meer dimensies kunt zien en daardoor de onderliggende drijfveren. Daarmee kun je managers en medewerkers veel beter inschatten op hun getoonde gedrag. Je kunt als het ware meer achter de mens kijken, waardoor je het getoonde gedrag meer begripvol dan beoordelend kunt beschouwen. Het pleidooi is duidelijk: de leider die zijn onbewuste doorzoekt gaat van een eendimensionale naar een meerdimensionale beslisruimte.

Leiderschap en coaching op bewustwording

Een belevingscoach is onmisbaar

Bij het zoeken naar antwoorden op vragen die aan schaduwwerk verbonden zijn kan de leider de hulp van een coach goed gebruiken. Dit is geen pleidooi voor een comfortabele inkomstenbron van coaches, maar gebaseerd op het gegeven dat je niet zelf je eigen schaduw kunt ervaren. Het is net als bij die complexe wiskundige formule: zonder hulp kom je er niet uit. Voor reflectie op gedragsmatige aanpassingen is een goede vriend als gesprekspartner voortreffelijk; helaas geldt dat niet voor schaduwwerk.

Daarbij is er een wezenlijk verschil tussen de gedragscoach en de analytische coach of belevingscoach. De gedragscoach kijkt naar hoe iemand zich naar buiten toe presenteert, dus naar het gedrag, en probeert dit door spiegeling en het stellen van de juiste vragen helder te krijgen. Als het waarom van het gedrag bekend wordt, kan er een leermoment komen om dit gedrag aan te passen. Een versimpeld voorbeeld: bij angst voor spinnen laat je telkens iets meer spin toe, totdat er een gewenning is aan de spin en de angst afneemt. Voor de belevingscoach is er maar één element belangrijk: het zich bewust worden van de tot dan toe onbewuste drijfveer voor dit specifieke gedrag. Dan gaat het om de vraag waar de angst voor de spin vandaan komt.

Een cliënt heeft een fobie voor vogels die overvliegen en dichterbij komen. Telkens grijpt de angst haar bij de keel als op korte afstand vogels laag overvliegen. Steeds een stukje dichter bij de vogels komen bleek slechts gedeeltelijk te helpen. Want zodra zich een nieuwe, niet getrainde situatie voordeed, was de angst er weer. De achterliggende drijfveer werd gevonden door een vergeten gebeurtenis uit haar verleden: toen ze vier jaar was, ging ze eieren rapen in het kippenhok en daarbij had de haan haar aangevallen. Tijdens de sessie, terwijl ze de gebeurtenis herbeleefde, vroeg de therapeut hoe groot de haan was. Ze wees ongeveer een meter hoog aan. Vanuit het perspectief van een vierjarige heeft een haan inderdaad die afmeting…

Het eindresultaat van elke coaching weerspiegelt zich uiteraard in gedrag, maar de belevings- of analytische coach richt zich op de drijfveren onder het gedrag en niet rechtstreeks op het gedrag zelf. Beleving sluit het trainen van gedrag uit. Coaching van de Human Being Leider gaat niet over het bekende rijtje van kennis, vaardigheden, gedrag en competenties, maar over de onderliggende drijfveren van irritaties, emoties, boosheid, manipulatie en dergelijke. Een coach hoeft niet alles te weten van bedrijfstechnische achtergronden, leiderschapskwaliteiten en bedrijfsstructuur. Als hij of zij maar één ding scherp heeft: alles wat raakt aan irritaties, boosheid, andere gevoelens of emoties heeft een grondtoon in de persoon zelf. Alle problematiek zit in jezelf verankerd en nooit daarbuiten. Ongeacht hoe de irritatie, boosheid en dergelijke tot stand komen, en dat is vrijwel altijd via de ander.

Opnieuw de ABN AMRO:

Cummings maakt zich zorgen. Hij constateert dat er sprake is van een groeiende vijandigheid en daarmee samenhangende verlamming in de raad van bestuur. Hij vraagt Eric van der Loo te helpen hier iets aan te doen. Groenink vraagt Van der Loo om de bijeenkomsten van de raad te begeleiden, om de strategische agenda van de bank aan de gedragsagenda van de individuele bestuurders te koppelen. Groenink hoopt zo de spanningen in de raad te verminderen en de effectiviteit te vergroten. […] De keren dat Van der Loo voorzichtig probeert de diepte in te gaan, te zoeken naar de redenen waarom processen op slot gaan, doen vooral mannen als Colle en Kuiper mee. De rest heeft er moeite mee, ze vinden het maar soft gedoe.

Uit: De Prooi, Jeroen Smit

Zodra de kwalificatie 'soft gedoe' op tafel komt, gaat de ratio aan de haal met de projectie. Een coach die het projectiemechanisme aan de kaak stelt, loopt al snel de kans door de ratio te worden afgeserveerd. De reden is dat de schaduw dreigt te worden ontmaskerd, wat altijd een pijnlijk, emotioneel, verdrietig of boos moment oplevert. Dat wil de ratio niet, en dus wordt het geheel in een jasje gestoken waardoor het niet langer hoeft: het is soft gedoe. Daarom is het niet vreemd als

jij je schaduw en projecties helder wilt krijgen met hulp van buitenaf. Eenvoudigweg omdat je deze niet vanuit je eigen systeem helder krijgt. Je bent subject en object tegelijkertijd, en dat maakt je tot een baron van Münchhausen die zichzelf aan de haren uit het moeras wil trekken. Zoals dit fysiek onmogelijk is, zal dit ook psychisch onmogelijk zijn.

Onbewuste patronen zichtbaar maken

Wat verandert er als een leider zich bewust wordt van haar competenties? Op het eerste gezicht niet zo veel. Die competenties blijven dezelfde, zij leert er net zo makkelijk of moeilijk nieuwe competenties bij als vroeger, en ze blijft haar leiderschapsstijl hanteren. Wat er wel verandert is dit: zij kan onderscheid maken tussen kwaliteiten die van nature bij haar passen en kwaliteiten die voortkomen uit aangepast gedrag.(3.1) Dit is iets anders dan van jezelf weten dat je bepaalde kennis en ervaringen niet hebt opgedaan. Integendeel: het kan hier zelfs gaan om zaken waarvan je altijd vond dat je er heel goed in was, maar nu tot de ontdekking komt dat je dit gedrag vertoont om je aan te passen aan wat vroeger belangrijk was. Je beseft dat je niet in alles even goed bent, accepteert je tekortkomingen en verstaat de kunst die te delegeren aan anderen. En dan delegeren in positieve zin: niet door ze vanuit negatieve gevoelens van eigen zwakte op anderen af te schuiven, maar door te erkennen dat een ander op dat gebied meer kwaliteiten heeft.

Note 3.1: *Aangepast gedrag is gedrag dat ontstaan is vanuit het verleden. Het is gedrag waar je baat bij had, maar nu niet meer bij je past.*

Personen met een hoog openbaar zelfbewustzijn zijn zich bijzonder bewust van hun sociale zelfaspecten. Ze zijn er gevoelig voor en ze houden zich bezig met de indrukken die ze op anderen creeren. Deze aandacht lijkt te zijn gebaseerd op een soort sociaal pragmatisme in plaats van een behoefte aan goedkeuring.

The implications of Personality traits on person-job fit – PhD study Karel Helsen, Dec. 2006

Traditionele leiderschapscursussen belemmeren het zicht op de verschillen tussen competenties die van nature bij je passen en competenties die voortkomen uit aangepast gedrag. Regelmatig worden leiders vanwege hun hiërarchische positie naar een leiderschapscursus gestuurd, en daardoor komen ze steeds steviger in hun aangepast gedrag te zitten. Want traditionele cursussen, opleidingen en trainingen bevorderen vrijwel altijd aangepast gedrag, met alle negatieve gevolgen van dien. De competenties waar je in uitblinkt, zijn namelijk ook de competenties waar de meeste pijn van vroeger onder ligt, waardoor ze zijn gebaseerd op aangepast gedrag.

Vervolgens zal elke traditionele vorm van bijscholing je bevestigen en stimuleren in je sterke punten als leider. Ogenschijnlijk is daar niets mis mee. Maar als je onder druk komt te staan of stress ervaart, dan wordt alles ineens heel anders. Want omdat het een competentie betreft die voortkomt uit aangepast gedrag – gedrag om een oude pijn in ons te beschermen – gaan we deze competentie aanwenden om ons tegen die pijn te verdedigen. Dergelijke competenties gaan door druk of stress vervormen, en dan gebeurt er precies het tegenovergestelde van wat deze competentie onder normale omstandigheden laat zien.[3.2] En zo resulteert alles wat een organisatie met deze vorm van bijscholing wil bereiken in het tegendeel.

Hoe kunnen slimme mensen domme dingen doen?

Bij het faillissement van Imtech begeleidde bedrijfskundige Eric Koenen de Benelux-directie van dit installatieconcern:

"Ik heb gezien hoe capabele mensen onder druk verkeerde beslissingen namen. De belangrijkste les die ik hiervan heb

Note 3.2: *Voor een overzicht van competenties en hun vervormingen zie tabel 3.1 op blz 74.*

geleerd is een vraag: hoe kan het dat slimme mensen domme dingen doen? Ik heb verschillende antwoorden op die vraag gevonden. Allereerst is het verleidelijk om cijfers direct te geloven. Ze lijken zo kloppend, zo helder, zo eenduidig. Daar komt bij dat de exacte wetenschappen nog steeds dominant zijn. Cijfers zijn hard, verhalen zijn soft. Op basis van mijn ervaring die ik bij fusies heb opgedaan, weet ik dat niets zo hard is als soft."

Uit: Trouw van 13 februari 2017

Naast de antwoorden die Koenen heeft gevonden is hier een andere factor van cruciaal belang: competenties die onder druk vervormen. Dan lijken slimme mensen domme dingen te doen, maar die zijn niet te bestempelen vanuit domheid als je weet dat daaronder een pijn verdedigd moet worden. Vanuit deze inzichten kun je de werkelijke reden van deze ogenschijnlijke domheid opsporen. Deze factoren zijn kennelijk onbekend bij zowel de directie van Imtech als bij de bedrijfskundige.

Sommige leiders zullen veel tijd en energie moeten stoppen in zelfonderzoek, anderen wat minder. Dat is afhankelijk van de mate waarin zij vroeger psychologisch zichtbaar waren bij hun ouders en andere opvoeders. Naarmate deze meer ruimte gaven aan de natuurlijkheid van de psyche, zoals het boos kunnen worden, verdriet kunnen hebben, veiligheid en geborgenheid kunnen geven en ontvangen, zal het onbewuste minder gevuld zijn met aanpassing. Een dergelijke omgeving van werkelijke liefde geeft dat de psyche zich vrijer ontwikkelt en dat daardoor het projectiemechanisme een minder grote rol speelt. De verantwoordelijke leider kan nog steeds duidelijk zijn, harde beslissingen nemen, terechtwijzen en al die andere acties uitvoeren die de leider tot leider maken. Maar zij doet dit niet meer met onwetendheid over de eigen pijn, vanuit projectie, maar met de wetenschap dat haar bedrijf of organisatie dit nodig heeft.

Het meten van onbewuste competenties

Competenties van mensen kun je meten, en dat gebeurt veel. Er zijn ruim honderd verschillende methoden om competenties te meten. Helaas houden verreweg de meeste metingen geen rekening met de vraag of een competentie al dan niet voortkomt uit aangepast gedrag. Dit onderscheid heeft, zoals we in dit hoofdstuk al hebben gezien, belangrijke consequenties voor ons functioneren in ons werk en leven. Competenties bestaan uit kennis en vaardigheden die vanaf de jongste jeugd zijn opgedaan, en die kwaliteiten zijn geworden. Dergelijke kwaliteiten uiten zich in praktische zaken als doelen stellen, vasthoudend zijn, communiceren, overtuigingskracht bezitten en dergelijke.

Onderstaand voorbeeld laat zien hoe een competentie gebaseerd kan zijn op aangepast gedrag:

Een verlegen meisje dat van nature niet veel praat, laat haar rapport aan haar vader zien. Vader begint met een negatieve ondertoon te vragen. Waarom dit, waarom dat? Hij is niet snel tevreden over haar resultaten en al zeker niet over haar timide uitleg. Elke keer wordt ze letterlijk en figuurlijk overvraagd. Ze ziet er steeds meer tegenop om haar rapport te laten zien, en ze gaat zich wapenen. Ze zorgt ervoor dat ze een verhaal heeft, waar of niet waar.

En vanaf dat moment loopt alles anders. Vader hoort een verklaring en het doet hem goed dat zijn dochter een weerwoord heeft, kennelijk heeft nagedacht en eindelijk eens gaat praten. In de ogen van de vader ontwikkelt zijn dochter zich tot een zelfstandig persoon, en hij waardeert haar hierom. De dochter ontdekt dat het veel minder erg is om het rapport te laten zien als ze er een goed verhaal bij heeft, ongeacht of het verhaal waar is of verzonnen. Zij wordt goed in het maken van een sluitend verhaal. Vader en dochter zijn tevreden.

In de latere carrière van de dochter zet deze ontwikkeling zich voort. Ze moet in haar eerste baan een presentatie verzorgen. Daarbij komt haar jeugdervaring om een sluitend verhaal te maken haar goed van pas. De conclusie dat ze goed kan communiceren volgt al snel. De dochter legt niet meer het verband tussen vroeger en nu; dit hele proces is gaandeweg onbewust geworden. Ze gelooft werkelijk dat communicatie een kwaliteit is die bij haar past. Tijdens een competentietest geeft ze aan dat ze goed is in com-

municeren. En dat klopt, maar deze kwaliteit is ooit ontstaan als beschermingsmechanisme om de pijn van de afwijzende vader te ontlopen. Deze competentie komt voort uit aangepast gedrag.

Kerncompetenties en aangepaste competenties

In het begin van hoofdstuk 1 staan tal van eigenschappen genoemd waaraan een leider moet voldoen. Anders gezegd: welke competenties zij allemaal in huis moet hebben. Het is niet erg waarschijnlijk dat een leider al die benodigde competenties op basis van een positieve innerlijke gedrevenheid kan leveren. Er zijn domeinen waar de leider niet optimaal presteert, waar zij geen innerlijke verbinding mee heeft. Er zijn competenties die duidelijk niet bij haar passen. Maar er zijn ook competenties die passend *lijken*, maar dat niet zijn. Een persoonlijk onderzoek naar innerlijke drijfveren maakt duidelijk welke kwaliteiten van nature bij een bepaalde leider passen en welke niet.

Het is belangrijk dat de leider scherper zicht krijgt op competenties die zij niet kan leveren, en dat zij deze tekortkoming *als een kwaliteit gaat beschouwen.* Door het erkennen van projecties heeft zij zicht gekregen op haar aanpassingen en beperkte beslisruimte. Daarnaast heeft zij geleerd haar belemmeringen ten diepste te aanvaarden en te omarmen. Zo ontstaat er ruimte om haar natuurlijke kwaliteiten te leveren en haar belemmeringen positief te delegeren. Want je aangepaste kwaliteiten kun je beter niet zelf leveren, maar aan anderen overlaten bij wie ze wel van nature passen. Dan kom je tot betere en objectievere besluitvorming, niet beïnvloed door het wezenskenmerk van aangepast gedrag, namelijk bescherming van de eigen persoonlijkheid.

Zoals naar voren kwam in het voorbeeld van het verlegen meisje dat goed kon communiceren, is er sprake van aangepast gedrag als een kwaliteit geen innerlijke kwaliteit is, maar naar de buitenwereld wordt ingezet als beschermingsconstructie. Aangepaste kwaliteiten kunnen hetzelfde niveau bereiken als innerlijke kwaliteiten, omdat de beschermingsfunctie van aangepast gedrag als kwaliteitsbewaker fungeert. Want als de kwaliteit van de aangepaste competentie minder wordt, dan komt de oude pijn weer boven. In de volgende tabel kun je zien dat een aangepaste kwaliteit een heel goede competentie kan opleveren, maar ook dat deze competentie vervormt als er druk ontstaat.

Dergelijke competenties vervormen niet alleen onder druk, maar ze zijn ook nog eens bron voor stress, energieverlies, ziekteverzuim, burn-out en dergelijke.

Competenties en hun vervorming tijdens druk of stress

Zonder druk en stress	Met druk en stress
Zakelijk gericht	Materialistisch
Vasthoudend	Dogmatisch
Klantgericht	Kritiekloos
Contactvaardig	Oppervlakkig
Leidend	Autoritair
Zelfstandig	Zelfoverschattend
Planmatig	Principieel
Probleemanalytisch	Detaillistisch
Besluitvaardig	Onbezonnen
Oordeelvaardig	Superieur
Toekomstgericht	Overmoedig
Overtuigend	Dwingend
Samenwerkingsgericht	Recalcitrant
Innovatief	Onberekenbaar
Meelevend	Bemoeizuchtig
Inlevend	Overgevoelig
Sturend	Gebiedend
Initiatiefrijk	Ongeremd
Doelgericht	Kortzichtig
Gedisciplineerd	Dwangmatig
Flexibel	Berustend
Harmonieus	Pleasend
Betrokken	Prikkelbaar
Gewetensvol	Normatief

Tabel 3.1: Overzicht van competenties met hun vervormingen

Hiernaast staat de tabel die weergeeft op welke vervormde manier een aangepaste competentie zich openbaart in gedrag naar de buitenwereld. In de tabel staat telkens één term genoemd, maar er zijn meerdere gelijksoortige termen mogelijk. De genoemde term benadert zoveel mogelijk de essentie. Een voorbeeld: de competentie *Leidend* wordt onder druk niet alleen het in de tabel genoemde *Autoritair*, maar ook: *laatdunkend, hoogdravend, vol geldingsdrang*. Al deze gedragingen zijn het gevolg van een over de top-reactie op externe druk waardoor het oude innerlijk patroon aangeraakt wordt.

Effecten van aangepast gedrag

Wat kun je merken van aangepast gedrag bij de mens in het algemeen, en bij een leider in het bijzonder? Kun je dit gedrag herkennen? Aangepast gedrag is, ik herhaal het nog maar eens, een psychisch fenomeen waaraan niemand van ons zich kan onttrekken. Het is voldoen aan de wensen en eisen van de omgeving, maar tegelijkertijd is het in strijd met wie jij ten diepste bent. Aangepast gedrag is een uiterlijke kwaliteit geworden om innerlijke tekortkomingen en pijn te bedekken. Als competentie is aangepast gedrag heel sterk, en het zal in de meeste competentiemetingen dan ook als een sterke kwaliteit naar voren komen.

En dat is het ook, zo lang je met deze competentie in veilig vaarwater zit. Een rustige omgeving, goede collega's, geen strijd en volop transparantie maken dat een dergelijke aangepaste competentie optimale kwaliteit levert. Bijvoorbeeld: de competentie *Vasthoudend* geeft dat je doelbewust en met uithoudingsvermogen naar het te bereiken doel streeft. Daar kun je mee uit de voeten. Maar als diezelfde vasthoudendheid een aangepaste competentie is, dan zal deze heel anders gaan uitwerken als de omstandigheden minder ideaal worden. Zodra je onder innerlijke druk komt te staan, ga je die positieve vasthoudendheid steeds sterker inzetten. Zo sterk zelfs dat vasthoudendheid verandert in een dogmatische houding. Zelf heb je dat niet in de gaten, maar je omgeving merkt het onmiddellijk.

In aangepast gedrag leidt de competentie vasthoudendheid bij innerlijke druk tot dogmatisch handelen (zie tabel 3.1). In een voorbeeld uit mijn eigen praktijk wijst onze meting uit dat cliënt Jan de competentie vasthoudendheid bezit in de vorm van aangepast gedrag. Uiteraard staat dat in zijn rapport, dat we gaan bespreken.

Jan komt boos binnen, gooit het rapport op tafel en zegt: "Hier staat dat ik dogmatisch word onder druk. Wat een onzin!" Vervolgens gaat hij drie kwartier mij proberen te overtuigen dat dit niet zo is. Welke spiegel ik hem ook voorhoud, het is en blijft onzin. Zijn boosheid blijft zienderogen toenemen. Tot het moment dat hij beseft dat hij nu aan het doen is wat hij zelf voortdurend ontkent. Een tot dan toe onbewuste gedragscomponent komt plotseling in het bewustzijn.

Nog een voorbeeld, en nu met betrekking tot de competentie *Besluitvaardigheid*:

In een teamsessie van zes teamleden had één daarvan bij zichzelf de competentie besluitvaardigheid als aangepast gedrag herkend. Op mijn vraag of hij ook kon herkennen dat hij deze competentie onder druk veranderde in onbezonnen handelen, antwoordde hij ontkennend. Dat herkende hij helemaal niet. Maar zijn collega's waren unaniem van mening dat hij onbezonnen werd. Ook wisten ze daarvan de nodige voorbeelden uit hun dagelijkse praktijk te noemen, maar toch bleef het moeilijk voor hem om dit onbezonnen gedrag te herkennen. Hij vond het nog steeds besluitvaardig.

Terecht onbenutte competenties

Kun je competenties terecht onbenut laten? Dat is toch verspilling van talent? Dat lijkt inderdaad het geval, maar dat zit zo. De eerder genoemde meting Analytical Competence Tool (Zie bijlage C voor een nadere beschrijving) brengt nog een ander type competenties boven water. Namelijk competenties die niet binnen de symchetypische beelden (3.3) uit de meting passen, en dus niet voortkomen uit positieve beleving. Je krijgt van een dergelijke competentie geen energie. Met andere woorden:

Note 3.3: *Symchetypische beelden zijn symbolische beelden die een persoonlijke innerlijke voorkeur of afkeur weergeven.*

deze competenties kun je maar beter niet aanleren, want dat gaat je veel energie kosten. Je kunt ze maar beter onbenut laten. Wie wel eens heeft deelgenomen aan trainingssessies waarvan na enige tijd het effect totaal verdwenen was, zal het belang inzien van het tijdig onderkennen van terecht onbenutte competenties. Dat scheelt al gauw zeker 60% van het opleidingsbudget.

Je hoeft dus niet alles te leren. Sterker nog: je doet er goed aan om bepaalde leerdoelen bewust aan je voorbij te laten gaan. Dat is voor veel beleidsmakers, trainers en opleiders moeilijk te accepteren. Het is in tegenspraak met wat we al honderden jaren denken, namelijk dat het individu alles kan leren. Mits deze kennis maar op de juiste manier wordt aangeboden, en de persoon in kwestie geïnteresseerd is en er moeite voor doet. Voor alle duidelijkheid: alles kun je leren, maar hoe leerzaam is dat als het geleerde buiten jezelf blijft, veel energie kost en niets oplevert?

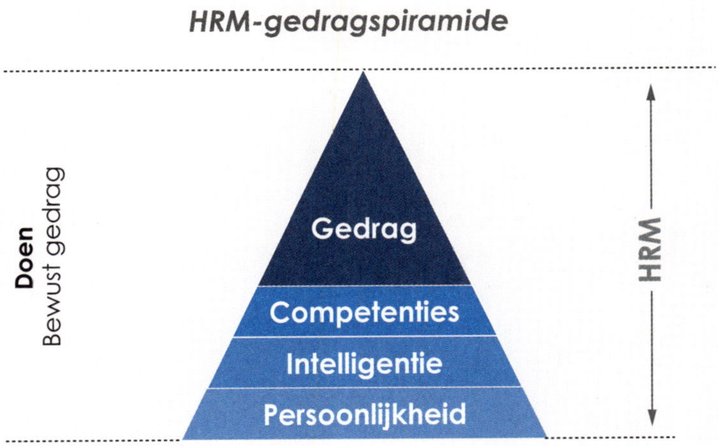

Afb 3.2

De werkwijze van traditionele meetmethoden, gericht op datgene wat meetbaar en verifieerbaar is, laat zich goed illustreren met bovenstaande piramide van McCLelland.

Hier zien we de traditionele HRM-benadering, zoals bij een sollicitatie. We vragen en krijgen een CV, we kijken tijdens een gesprek naar gedrag, competenties, intelligentie en hoe iemand over komt. We vergelijken dit alles met wat we nodig hebben en jawel: daar is de match. Er wordt niet gekeken naar innerlijke patronen, hoe iemand functioneert als hij onder druk staat, niets van dit alles. Maar dat is wel van wezenlijk belang, omdat de kwaliteiten waarop ik iemand aanneem niet zijn werkelijke kwaliteiten hoeven te zijn, maar aangepaste kwaliteiten. En dus heb je geen zicht op wat er in de praktijk gebeurt. Sommigen menen dat een goed sollicitatiegesprek (inclusief interventies door onverwachte vragen te stellen) evenzeer zicht hierop geeft. Maar dat is niet juist; er wordt immers geen innerlijke druk uitgeoefend.

HBM-gedragspiramide

Afb 3.3

Hierboven staat een variant van deze piramide die ook oog heeft voor onbewuste factoren die het gedrag aansturen: het persoonlijk onbewuste. Hierin liggen de patronen van vroeger opgeslagen die voor het bewuste deel ondraaglijk waren. Dit kunnen vermaningen, straffen, vernederingen en dergelijke zijn.

De HBM-benadering heeft er oog voor dat boven water alles in orde kan zijn, maar dat dan nog niet helder is hoe competenties uitwerken als de persoon in kwestie onder druk komt te staan. Kijk nog maar eens naar de tabel op blz. 74 en je weet dat een prachtige kwaliteit onder druk kan vervormen en daar een negatieve kwaliteit voor in de plaats komt. En dan blijkt de gedroomde kandidaat ineens helemaal niet meer in het team te passen.

Van Human Being **Management** naar Human Being **Leiderschap**

Hoofdstuk 4

Van Human Being **Management** naar Human Being **Leiderschap**

Hoofdstuk 4 Van Human Being **Management** naar Human Being **Leiderschap** 80
Circle of Change 84
Circle of Change voor het individu 86
Zelfreflectie 86
Bewustwording 86
Beslisruimte 86
Verantwoordelijkheid 87
Maskeren 88
Rebelleren 88
Etaleren 89
Inspireren 89
Het fenomeen back-fire 89
De Circle of Change voor het team en voor de organisatie 92
Voor het team 92
Voor de organisatie 92
Meer keuzemogelijkheden 93
Innerlijke processen 94
De veranderende taak en rol van de leider 95

De Circle of Change

> De plek van verwonding is tevens de plek van verwondering.

Laten we even resumeren. Mensen, of ze nu medewerker, manager of leider zijn, kunnen zonder gerichte inspanningen zichzelf niet echt doorgronden, ongeacht kennis, intelligentie en ervaring. Daar zijn stappen voor nodig van het individu dat leiderschap wil tonen. Het doel is om je beperkende overtuigingen, opgedaan in je gang door je leven, bewust te krijgen. Door deze bewustwording worden je echte kwaliteiten zichtbaar en verdwijnen je onechte overtuigingen. En maak je persoonlijke groei door tot Human Being Leider. Ik beschrijf dit proces van bewustwording in de Circle of Change.

Circle of Change

Afb. 4.1

Bewustwording bestaat niet uit diep nadenken in een zachtleren fauteuil, met een goed glas wijn, bij een knapperig houtvuurtje. Het is een proces, dat bestaat uit een aantal stappen die je moet doorlopen om het innerlijke proces van bewustwording op gang te helpen. In het begin is het stevig doorpakken, maar daarna gaat het steeds meer vanzelf. Het zijn vier stappen die bovendien als een spiraal werken: het proces kun je telkens opnieuw doorlopen, maar telkens op een dieper niveau.

Een medewerker, manager of leider groeit toe naar een volledig mens, een Human Being door zelfreflectie, bewustwording, het vergroten van zijn beslisruimte en het ten volle nemen van zijn verantwoordelijkheid. Deze vier stappen hebben hun eigen specifieke kenmerken, aanpak en uitwerking. Verantwoordelijkheid nemen is het sluitstuk van dit ontwikkelingsproces. Verantwoord in de zin van kwalitatief goed en betrouwbaar, maar eveneens gebaseerd op het nemen van verantwoordelijkheid zoals dat in het kader van HBM is bedoeld.

De Circle of Change voor het individu

Zelfreflectie

Zelfreflectie is fundamenteel anders dan reflectie. Reflectie is het reflecteren van je gedrag op de buitenwereld, zelfreflectie is reflecteren van je gedrag op je binnenwereld. Reflecteren is de dag overdenken, kijken wat je goed en niet goed hebt gedaan, daar lering uit trekken en nieuw gedrag laten zien. Zelfreflectie is je gedrag toetsen en spiegelen aan jezelf, aan wie je geworden bent onder invloed van je gang door het leven om daarmee je ingesloten (negatieve) patronen te leren herkennen en daarop nieuw gedrag te bouwen. Bij reflectie is je aanpassing van je gedrag veel minder duurzaam dan aanpassing door zelfreflectie. Zelfreflectie zal je laten inzien dat jouw waarheid een perceptie van de waarheid is, geboetseerd langs de lijnen van je ontwikkeling.

Bewustwording

Bewustwording als ontwikkelingsstap wordt gebaseerd op de al eerder genoemde Analytical Competence Tool, een psychometrisch instrument dat hiervoor is ontwikkeld vanuit het Centrum voor Belevingspsychologie. De meting geeft je de keuze tussen tekstkaartjes (Bewuste keuze) en symchetypische beelden (Onbewuste keuze). De meting duurt 12 minuten en de uitslag is (na meer dan 100.000 gemeten individuen) voor iedereen verrassend omdat de duur van de meting om in te vullen zeer kort is, maar de conclusies veelzeggend zijn. Op basis van dit meetinstrument heeft bewustwording een stevige basis en kan het individu zich verder ontwikkelen.

Beslisruimte

Na bewustwording komt de fase van inzicht dat door het herkenbaar maken van de innerlijke patronen er ineens meer mogelijk is. Waar je eerst op de rem trapte (als perfectionist), eerst nog meer wilde weten (uit angst), eerst nog bleef twijfelen (en verantwoordelijkheid ontlopen) en nog veel meer, is er nu inzicht waarom je op de rem trapte, waar je angst vandaan komt en dergelijke. Je beslissingen zijn breder en intenser geworden, je beslisruimte is vergroot. En dan komen we op de verantwoordelijkheid. Daar staan we langer bij stil, want dit is door zijn ogenschijnlijke vanzelfsprekendheid een stevig overschatte kwaliteit. Vrijwel iedereen als werknemer meent dat hij of zij verantwoordelijkheid neemt, en ook elke manager of leider weet zeker dat hij of zij verantwoordelijkheid neemt, maar – hoe gek dit ook zal klinken – in de praktijk is dat niet zo.

Verantwoordelijkheid

Dit is een zeer uitgebreid onderwerp dat hier beknopt wordt weergegeven, maar te belangrijk om hier niet expliciet te noemen. In mijn boek Human Being Management weid ik er een heel hoofdstuk aan. Sommige tekstdelen daaruit zijn overgenomen in dit boek.

We zijn meesters in het verplaatsen van onze verantwoordelijkheid buiten onszelf. En dan niet alleen naar mensen of dieren, maar ook naar dingen. Ontelbare malen heb ik tennissers, na een gemiste bal, met irritatie naar hun racket zien kijken.

Tevens is dit een vooruitblik op het slot van dit hoofdstuk, waarin we de de taak en de rol van de Human Being Leider plaatsen in het licht van de Circle of Change en de verantwoordelijkheid die hieruit voortvloeit. Het daarbij in twee kolommen aangegeven verschil tussen HBM en HBL is dat het eerste vanuit het perspectief van de medewerker en de manager is geschreven. HBL daarentegen beschrijft de materie vanuit het leiderschap zelf en de organisatieverbeteringen die daaruit kunnen voortvloeien.

Allereerst de vier verschijningsvormen van verantwoordelijkheid. Die zijn bij de meeste leiders en managers niet bekend, maar zij maken zichtbaar gedrag van medewerkers meer verklaarbaar.

Verantwoordelijkheid kun je uiterlijk nemen of innerlijk nemen, en je kunt de verantwoordelijkheid voor zaken die op je pad komen erkennen of ontkennen. Dit levert vier verschijningsvormen op:

1. Maskeren
2. Rebelleren
3. Etaleren
4. Inspireren

Verschijningsvormen van verantwoordelijkheid

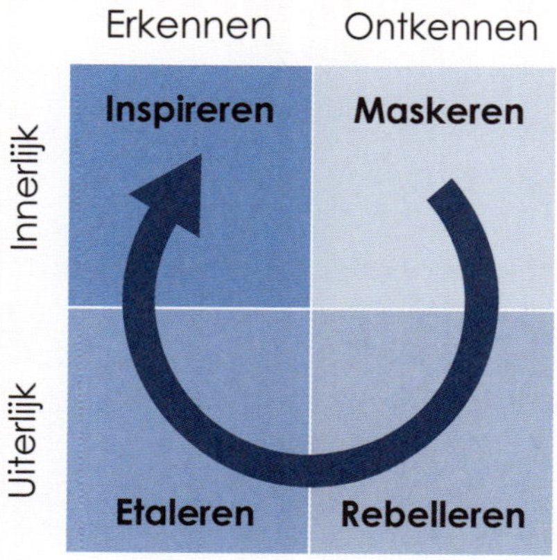

Afb. 4.2

Maskeren

Maskeren is innerlijk je verantwoordelijkheid ontkennen. Deze vorm van verantwoordelijkheid zien we veel in heimelijke oppositie. Het betreft de mensen die zich niet openlijk uiten in vergaderingen en bijeenkomsten, hun eigen positie beschermen en verantwoordelijkheden ontkennen. Dit alles zit onder de waterlijn en is niet zichtbaar voor de buitenwereld. Maskeren uit zich in oneindig veel varianten, zoals: het zal mijn tijd wel duren, ik steek mijn nek niet uit, zinloos om mij daar mee bezig te houden, het is al zo vaak geprobeerd en soortgelijke uitspraken.

Rebelleren

Rebellen ontkennen hun verantwoordelijkheid, maar laten zichzelf wél zien. Zij willen wel verandering, maar zonder dat ze daar verantwoordelijkheid voor nemen. Ze plegen openlijke oppositie, maar nemen niet een zodanig standpunt in dat ze hun eigen verantwoordelijkheid moeten erkennen. Rebellen hebben voor het bedrijf een groot voordeel in vergelijking met degenen die maskeren: ze zijn zichtbaar, je kunt op ze reageren en ze geven openlijk commentaar waar de organisatie haar beleid of oppositie op kan baseren. Ze rebelleren uit innerlijke onvrede met zichzelf, getriggerd door uiterlijke omstandigheden.

Etaleren

Etaleren bestaat uit erkennen en zichtbaar maken van je verantwoordelijkheid. Dit doen de zichtbare leiders die naar buiten treden. Zij hebben een mening over hun leiderschap en willen dit ook laten zien. Het zijn goede leiders, die veranderingen teweeg brengen door openlijk te gaan staan voor hun beleid en aanpak. Ze lopen voor de troepen uit, zichtbaar en onderscheidend. Echter, er ligt maar een dunne scheidslijn tussen zichtbaar zijn voor de organisatie of zichtbaar zijn voor jezelf. Menig leider streelt het eigen ego door zichtbaar te zijn. Uiteraard gebeurt die zelf-zichtbaarheid ook weer vanuit onbewuste innerlijke patronen.

Inspireren

Inspireren bestaat uit erkennen en onzichtbaarheid. Dit zijn de onzichtbare leiders die duidelijk leiden door inspiratie. Ze zijn als scheidsrechters bij topvoetbal: onzichtbaar maar duidelijk aanwezig. Ze geven richting en inspireren door anderen het succes te gunnen en het falen bij zichzelf te houden. Ze leiden de organisatie vanuit visie en zelfwaarde, door vanuit vertrouwen en waardering bevoegdheden en verantwoordelijkheden uit te besteden aan diepere lagen in de organisatie. Ze zijn niet druk, druk, druk, maar hebben het vermogen om zodanig te delegeren dat zijzelf toekomen aan hun taak en rol: inspirerend leider zijn.

Het fenomeen back-fire

Het laatste onderwerp over verantwoordelijkheid mag hier niet onvermeld blijven, omdat back-fire een fenomeen is dat in veel in organisaties voorkomt zonder dat men zich daar bewust van is. Back-fire is een vorm van het ontlopen van je verantwoordelijkheid. Het aantal mogelijke voorbeelden daarvan is nagenoeg oneindig, maar het weergeven van een paar voorbeelden geeft het basisidee achter back-fire weer, waardoor het opsporen ervan eenvoudiger wordt. Je neus wordt als het ware getraind.

Je brengt 's morgens je partner weg naar haar werk. Vervolgens krijg je op de terugweg een lekke band, en komt daardoor te laat op je werk. 's Avonds laat jij je irritatie blijken: dat jij, door haar weg te brengen, te laat op je werk bent gekomen.

Door het verleden te laten botsen met het heden laat je zien dat je niet de verantwoordelijkheid voor het wegbrengen hebt genomen. Als je de volledige verantwoordelijkheid had genomen, dan kun je de twee feiten (wegbrengen en te laat komen) niet meer met elkaar in verbinding brengen.

of

Een docente kwam 's morgens de klas in met de mededeling: "Ik heb tot twee uur vannacht jullie werk zitten nakijken. Ik ben moe en wil dat jullie vandaag rustig zijn. Tenslotte doe ik dit allemaal voor jullie en niet voor mijzelf."

of

Een docent had de pensioengerechtigde leeftijd bereikt, maar de school vroeg hem nog een jaar aan te blijven. Daar zei hij ja tegen. In elke klas vertelde hij dat hij er eigenlijk niet behoorde te zijn, hij had immers zijn pensioenleeftijd bereikt, dus dient de klas gehoorzaam te zijn en goed te luisteren.

Dit zijn duidelijke voorbeelden van persoonlijke beslissingen waar geen verantwoordelijkheid voor wordt genomen, en die als een back-fire terugkeren naar hen die er niets mee te maken hebben, maar er wel mee worden geconfronteerd. Het is een steeds terugkerend patroon: iemand zegt ja tegen zijn taak, rol, of klus en eist van anderen, die niets met de eerder genomen beslissing te maken hebben, in ruil een prestatie of bepaalde houding of een emotioneel meevoelen terug. De Human Being Leider zal hiervan nimmer gebruik maken – en als anderen daar gebruik van maken dit herkennen en bespreekbaar maken.

Verantwoordelijkheid nemen haalt het lot af van je bestemming. Ook al is de bestemming hetzelfde, zij is niet langer je lot, omdat je gekozen hebt om haar tot je verantwoordelijkheid te maken. Het is het diepe besef dat jij de vormgever bent geworden van datgene wat je eerst je lotsbestemming noemde. Het lot wordt omgevormd tot doel omdat jij, door je verantwoordelijkheid te nemen, de initiatiefnemer bent geworden. Het leven overkomt je niet meer, want dat is slechts de gedachte van hen die niet het stuur in handen willen nemen, die niet verantwoordelijk willen zijn, die geen richting willen geven aan hun leven.

Uit: Human Being Management

De Circle of Change voor het team en voor de organisatie

Voor het team

De Circle of Change is een geweldig proces voor teams. Vier dagen met elkaar doorbrengen met de vier stappen als uitgangspunt van gesprek tot leerervaring. En dan is de valkuil dat het al snel gaat over reflectie op alles en iedereen, want dat is veel eenvoudiger voor de teamleden om over te praten. Maar zelfreflectie, nota bene ten overstaan van je teamgenoten; dat is spannender, maar levert voor het team enorm veel op. Gedrag van elk teamlid wordt fundamenteel beter begrepen als je een keer over gedrag spreekt, vanuit wie je bent, waar je vandaan komt, welke dromen in de kiem zijn gesmoord. De teamkracht neemt sterk toe als je op dat niveau met elkaar kunt spreken.

Vervolgens komen de andere sessies over bewustwording, beslisruimte en verantwoordelijkheid aan bod. Dit alles maakt dat de teamleden op een fundamenteel niveau met elkaar verbonden worden door wie ze zijn, en niet langer meer door hoe ze gezien willen worden. Met name de laatste bijeenkomst over verantwoordelijkheid nemen is een inspirerende. Elk teamlid spreekt zich uit over welke verantwoordelijkheid vanuit welke persoonlijke kracht wordt geleverd en committeert zich daaraan. En, belangrijk, er is een teamafspraak tot stand gebracht over het nemen van echte verantwoordelijkheid.

Voor de organisatie

Ook een organisatie kan op zichzelf reflecteren. De medewerkers kennen het bedrijf van binnenuit en door reflectie te plegen van binnen uit (interne organisatie, interne kwaliteiten, kennis, ervaring enzovoort) naar buiten (klanten, markt, producten en dergelijke) kan de organisatie nieuwe inzichten krijgen in haar functioneren in de markt. Bij bewustwording volgens de HBM-filosofie is het proces van de Natuur van de organisatie als basis te gebruiken voor de Structuur en Cultuur. Anders gezegd:

sluit de Natuur van de medewerkers, wie ze dus ten diepste zijn, aan bij de doelstellingen van het bedrijf? Zijn de gedragsregels passend en zijn de omgeving, regels, wetten, ofwel de Structuur van de organisatie ondersteunend of beperkend? Als dat proces is doorlopen dan is de beslisruimte van de organisatie vergroot, en blijken er meer mogelijkheden in de markt te zijn dan eerst werd aangenomen. Vervolgens neemt de organisatie verantwoordelijkheid voor de veranderingen waartoe men heeft besloten en bewaakt zij de menselijke maat in de organisatie.

Meer keuzemogelijkheden

Wat betekenen zelfreflectie, bewustwording, een grotere beslisruimte en het nemen van je verantwoordelijkheid in de praktijk? Levert Human Being Leiderschap betere resultaten op bij het besturen van een bedrijf of organisatie? Zoals gezegd biedt een beslisruimte die bevrijd is van onbewuste vooroordelen meer keuzemogelijkheden dan geijkte, vastliggende patronen. Wessel Ganzevoort benadrukt dat bewustwording voorafgaat aan deze nieuwe keuzemogelijkheden:

> *"Inzicht in datgene wat de ziel is en wat zij nodig heeft, gaat vooraf aan verandering van persoonlijkheid en gedrag. Het is mijn ervaring en overtuiging dat bewustwording van de eigen essentie bijna vanzelfsprekend leidt tot nieuwe keuzes op vormniveau. Sterker nog, dat die keuzes nauwelijks als keuzes worden ervaren maar als conclusies."*
>
> ***Uit: Spiritualiteit in leiderschap***

Nieuwe keuzemogelijkheden worden na integratie niet meer als keuzen ervaren, maar als conclusies. Zij zijn dan vanzelfsprekend geworden als water voor een vis. Want dat is wat bewustwording van de eigen essentie doet: je maakt geen losse keuzen meer, maar ze zijn werkelijk deel van jezelf geworden. Daarnaast heb je een groter bereik gekregen: niet alleen je bewuste deel draagt bij aan je mogelijkheden om richting te kiezen en beslissingen te nemen, maar ook een deel van je onbewuste. Je beslisruimte wordt groter als je ook gebruik kunt maken van delen van je onbewuste.

Innerlijke processen

In het proces van bewustwording gaat het voornamelijk over innerlijke processen, die voor de rationeel ingestelde lezer vaak de schijn van zweverigheid hebben. Ik denk, dus ik ben is onze rationele leidraad, en zonder die leidraad voelen we ons losgezongen van de realiteit. Voor mij is het een uitdaging om Human Being Leiderschap uit die associatie met zweverigheid te halen en te verbinden met de praktijk van alledag. Daar is een nieuwe manier van denken bij nodig: van Descartes met zijn statische *Ik denk, dus ik ben* (cogito ergo sum) naar mijn dynamische *Ik beleef, dus ik word.* (Ego expertus, Ego facti sunt. Letterlijk: ik heb ervaren, ik ben geworden.)

Ondanks alle keuzes die er zijn op basis van data, kennis, ervaring (zie ook de afbeeldingen op blz. 117) zal een beperkte, eendimensionale beslisruimte uitkomen op de oplossing die ligt ingegrift in het onbewuste. Want keuzes worden daar door beïnvloed. Bewustwording (van eigen drijfveren, kerncompetenties en valkuilen) geeft je extra, meerdimensionale beslisruimte, die maakt dat je tot objectievere beslissingen en oordelen komt, en minder vooringenomenheid ten toon spreidt, waardoor meerdere oplossingen zichtbaar worden.

Laten we eens kijken naar de effecten van innerlijke bewustwording. Ik ga hierbij van een ideaalbeeld uit, in de wetenschap dat dit ideaal niet bereikt zal worden: bewustwording is een levenslang proces van herkennen, erkennen en integreren van alle negatieve, opgeslagen ervaringen. Sommigen worden door het feit dat het een levenslang proces is ontmoedigd, anderen ervaren elke bewustwordingsstap als louterend en praktisch toepasbaar.

Bewustzijn ontwikkelen heeft invloed op de Cultuur van de organisatie. Zoals het individuele gedrag feitelijk gestuurd wordt door onze onbewuste patronen, zo wordt de organisatie gestuurd door alle individuele onbewuste patronen. Dit noemen we de Natuur van een organisatie. En dan wordt het begrijpelijk dat Cultuurveranderingen nauwelijks toegevoegde waarde hebben als we de Natuur, dat wat de Cultuur drijft, niet mee veranderen. Want de aansturing van die Cultuur blijft hetzelfde en dus gebeurt er feitelijk weinig meer dan wat cosmetische aanpassingen en verbeteringen. Het zal duidelijk zijn: make-up verandert de huid niet…

In de volgende tabel laat ik samenvattend zien wat de veranderingen zijn als we de stap zetten van de HBM-filosofie die gericht is op de organisatie naar de HBL-filosofie die gericht is op persoonlijke ontwikkeling van de leider.

De veranderende taak en rol van de leider

HBM	HBL
Enthousiasmeren De medewerker is meer autonoom dan eerder, en hoeft minder gestimuleerd te worden omdat er meer besef is wat verantwoordelijkheid betekent. Door bewustwording wordt een conflict niet direct bij de ander neergelegd, maar is er eerst een kijken en ervaren van zichzelf. De medewerker doorziet zijn projectie van de ouderrol op de manager en beseft dat hij zichzelf in eerste instantie moet enthousiasmeren. Het team kan beter en sneller de interne problemen, zowel werkgerelateerd als emotiegerelateerd oplossen. Het enthousiasmerende van de manager heeft minder met de persoonlijkheid van de werknemer te maken, maar meer met het verbinden van de diverse individuen. *Effect* Meer tijd en energie om het gestelde doel te bereiken.	**Enthousiasmeren** De leider die door bewustwording weet heeft van haar eigen kwaliteiten en valkuilen schept een veilige omgeving. Zij is kalm en mild in haar optreden. Grilligheid en anderen niet voor vol aan kunnen zien verdwijnen meer en meer naar de achtergrond. Het enthousiasmeren gebeurt dus niet meer actief, maar op basis van het vertrouwen dat de leider geeft aan haar omgeving. Het is niet langer een tijdsinvestering, maar er wordt een intrinsieke veiligheid ervaren. Omdat, als voorbeeld, dubbele bodems en dubbele boodschappen vanuit een zekere arrogantie niet langer worden uitgezonden. *Effect* Veiligheid is dermate enthousiasmerend dat dit de hele organisatie verbetert.

Tabel 4.3: De veranderende taak en rol van de leider

HBM	HBL
Coachen De focus is om de medewerker aan te spreken op het nemen van zijn verantwoordelijkheid. De medewerker beseft dat hij, en hij alleen, verantwoordelijkheid draagt voor zijn taak en rol. De manager volgt de medewerker in die ontwikkeling en stimuleert hem tot steeds meer reflectie op zichzelf, door als manager hetzelfde te doen. Coachen wordt hiermee gezamenlijk onderzoeken op welke wijze het doel het beste bereikt wordt en hoe conflicten gezamenlijk kunnen worden opgelost. De manager hoeft er geen energie meer in te steken om er voor te zorgen dat de medewerker zich erkend voelt, want de medewerker beseft dat hij die vorm van erkenning niet van de manager nodig heeft. *Effect* Motiveren op teamniveau om de doelen zo efficiënt en plezierig mogelijk te bereiken. Het team motiveert zichzelf.	**Coachen** De leider is in staat om naast verantwoordelijkheid nu ook de daarbij horende bevoegdheid mee te delegeren. Zij is niet langer controlerend vanuit wantrouwen, maar inlevend vanuit vertrouwen en empathisch vermogen naar de manager. Dat garandeert niet dat managers altijd op de juiste plek zitten, maar de leider maakt dit op een positieve manier bespreekbaar. Dat kan omdat beiden door bewustzijnsontwikkeling niet meer het geijkte pad van het Ego kiezen, dat wordt gekenmerkt door overgevoeligheid, het zoeken naar schuldigen en gebrek aan inlevingsvermogen. In plaats daarvan wordt de weg gekozen om daadwerkelijk met elkaar in een coachend gesprek te gaan om e.e.a. te verbeteren. *Effect* Het coachen vind plaats op een ander niveau, waardoor in plaats van het hanteren van conflicten het stimuleren van de verbetering voorop staat.

HBM	HBL
Vernieuwen De manager heeft tot taak de visie en de missie van de organisatie te vertalen naar vernieuwende teamdoelen. Dat doet hij in samenspraak met zijn medewerkers. In deze rol laat de manager zien dat hij de visie van de afdeling voor ogen heeft, en zich een voorstelling kan maken van de teamdoelen over drie tot vijf jaar. Hij moet op veranderingen in de omgeving van het werk anticiperen, en de doelen en de middelen van de afdeling daarop kunnen aanpassen. Dit vraagt creativiteit en durf om risico's te nemen, waarbij het initiatief bij de manager ligt. *Effect* Vernieuwingen komen van de werkvloer en zijn daarmee geaccepteerd	**Vernieuwen** De leider stimuleert vernieuwingen door het willen samenwerken aan een gemeenschappelijk idee. Die samenwerking wordt niet langer tegengehouden door beperkende overtuigingen als rebelsheid of tegendraadsheid, maar telkens opnieuw vanuit empathie gezocht. Zij vertrouwt op de managers die vernieuwingen voorstellen en geeft daarin vertrouwen. Door de ontwikkeling op het persoonlijk vlak zorg zij ook voor een evenwichtig team, dat wil zeggen: ook mensen die andere meningen hebben kunnen nu volledig tot hun recht komen in het team. Effect De leider heeft minder vooringenomenheid en kan een breder scala van vernieuwingen aan.

Tabel 4.3: De veranderende taak en rol van de leider

HBM	HBL
Arbitreren De manager geeft richting aan de medewerkers door ze het conflict zelf te laten oplossen. Niet hij maar de groep corrigeert. Als het conflict blijft bestaan zal hij geen oplossing aandragen, maar het proces van de Circle of Change toepassen om de groep het conflict alsnog zelf te laten oplossen. Daarmee blijft hij als manager voor iedereen gelijk en wordt er geen splitsing in het team aangebracht.	**Arbitreren** De zelfbewuste leider is als de goede topscheidsrechter in het voetbal. Zij treedt op waar nodig, maar laat het team zoveel mogelijk tot eigen oplossingen komen. Daarbij heeft zij geleerd dat onbezonnenheid en impulsieve beslissingen geen recht doen aan een objectief oordeel. Niet de oplossing staat centraal, maar de criteria waaraan de oplossing moet voldoen.
Effect De manager motiveert tot zelfonderzoek en pleegt nauwelijks beslissende arbitrage.	*Effect* De leider hoeft veel minder als arbiter op te treden. Het meeste lost het team zelf op.

HBM	HBL
Vormgeven De manager stelt criteria vast, waarna de medewerkers oplossingsrichtingen aandragen om gestelde doelen te bereiken. Het team neemt de verantwoordelijkheid om eigen voortgang te checken en te stimuleren. De manager stuurt de medewerkers aan op de uitvoering van criteria, door deze bij onduidelijkheid aan te scherpen of in het uiterste geval, aan te passen. De manager kan zich focussen op zijn basistaken. Effect Managen op uitvoering van de criteria, niet op de individuele vorm van elk individu.	**Vormgeven** De leider is vastbesloten om de vormgeving van de organisatie te volgen, zonder dat zij zelf de vormgever hoeft te zijn. De ontwikkelde leider hoeft niet meer "het doel heiligt de middelen" en "ik moet onbuigzaam zijn" te hanteren, maar houdt zich veel meer bezig met het overdragen van haar denkbeelden. En er zijn niet veel regels en wetten voor nodig om dit voor elkaar te krijgen. Effect De leider kent geen rolverwarring meer: haar visie formuleert een doel; haar team bereikt het doel door het concreet te maken.

Tabel 4.3: De veranderende taak en rol van de leider

HBM	HBL
Bewaken De manager bewaakt het proces, niet de medewerkers. Hij bewaakt het proces door het teamdoel te toetsen aan de door de medewerkers voorgestelde oplossing vanuit de criteria. Hij bewaakt of de criteria zodanig zijn opgesteld dat de oplossing inderdaad bijdraagt aan de team- en organisatiedoelstelling. Het team bepaalt zelf, door van elkaar te lenen en te leren, wie welke taak het beste kan uitvoeren en neemt verantwoordelijkheid voor de uitvoering. De manager kan de voorgestelde oplossing verwerpen door aan te tonen dat de criteria niet gevolgd zijn, niet door het niet eens te zijn met de oplossing.	**Bewaken** De leider bewaakt niet meer afzonderlijke individuele delen, vanuit overhaast reageren en uitgaan van beperkingen, maar zet in op het formuleren van het uiteindelijke doel. Dit doet zij vanuit visie en strategie, om dit vervolgens te vertalen naar criteria voor concreet haalbare doelen. Zij is initiator en handelt pro-actief sturend en ambitieus, waardoor het proces niet actief bewaakt wordt maar voortvloeit uit een stevige missie en visie.
Effect Bewaken van het proces is veel efficiënter dan het bewaken van elk afzonderlijk individu. Verantwoordelijkheden liggen bij de individuele medewerker.	*Effect* Een veel autonomere organisatie, waardoor slagkracht, inventiviteit en succes toenemen.

HBM	HBL
Managen De manager houdt zich minder bezig met het managen van teamleden, maar meer met het managen van de output. Daardoor komt hij midden in het team te staan en niet er boven. Het team wordt geacht de conflicten eerst bij zichzelf te zoeken en niet meer bij de manager neer te leggen. De manager stimuleert de teamleden in het volgen van de Circle of Change, waardoor meer bewustzijn komt op het onderliggende conflict bij het probleem. Hij stuurt meer het proces dan het individu, waardoor hij tijd vrijmaakt voor het scheppen van goede omstandigheden voor het functioneren van het team. Die voorwaarden liggen in kennisverbetering, teamoptimalisering en gezonde promotie van het team binnen de organisatie. *Effect* Managen van output in relatie tot de doelstellingen.	**Managen** De Human Being Leider is niet langer de steen van de organisatie, maar de cement. Zij geeft leiding door verbinding te creëren en te zoeken tussen de teamleden en tussen de teams onderling. Zij laat de teamleden bloeien door de vrijheid van handelen te stimuleren, en de veiligheid van de leden te waarborgen. Een leider die zichzelf kent, hoeft niet meer vanuit macht te reageren, maar reageert vanuit kracht. Als een stevig gesprek nodig is, dan wordt dat altijd gevoerd vanuit gelijkheid en verbinding. *Effect* Door veilige binding vanuit de leider komt elke manager tot zijn recht.

Tabel 4.3: De veranderende taak en rol van de leider

HBM	HBL
Controleren Het controleren krijgt een andere basis. De manager controleert niet meer het individu, maar de teamoutput. Hij stelt criteria bij op basis van de oplossing of de richting die gekozen wordt als de criteria niet geheel passen bij het gestelde doel. Hij is niet meer de scheidsrechter, maar stimuleert eigen verantwoordelijkheid. Vertaalt constant de visie en missie van de organisatie naar concrete teamdoelen. *Effect* Controleert vanuit de doelstelling.	**Controleren** De leider controleert niet meer om eigen angst te beschermen, maar vanuit visie en missie. Zij bewaakt de hogere doelen zonder zich op detailniveau met zaken te hoeven bemoeien, omdat de managers door zelfreflectie meer taakvolwassen zijn geworden. *Effect* Controleert vanuit missie en visie in plaats van uit angst voor het eindresultaat.

Tabel 4.3: De veranderende taak en rol van de leider

Leiderschap in **de praktijk**

Deel 2 Leiderschap in **de praktijk** 104

Drie vormen van leiderschap 106

Deel 2

Drie vormen van leiderschap

Human Being Leiderschap is voor alles persoonlijk leiderschap. Ook als leider ben je immers je eigen sterkte en je eigen zwakte. Daarom beschrijf ik in dit deel een praktische uitwerking van persoonlijk leiderschap: nader uitgewerkt voor de manager en voor de leider.

Persoonlijk leiderschap komt aan de orde in hoofdstuk 5 en gaat over zelfreflectie, kijken en luisteren naar binnen. Het doel is om jezelf met al je krachten, valkuilen en potentieel zodanig te leren kennen dat je op een natuurlijke manier het stuur in handen kunt nemen.

Persoonlijk leiderschap als manager bespreek ik in hoofdstuk 6. Dat gaat over het versterken van je managementteam met als doel de visie van de organisatie te vertalen in doelen, het verdelen van managementrollen en het creëren van ambassadeurschap.

Persoonlijk leiderschap als leider, in hoofdstuk 7, gaat over de richting die jij geeft aan de organisatie, waarbij persoonlijke groei zonder ruis wordt gecombineerd met organisatiegroei. Het doel is uiteindelijk een succesvolle organisatie waar gelukkige mensen werken.

Voordat we overgaan naar de volgende hoofdstukken geef ik in figuur hiernaast de centrale rol van de leider aan. Die rol lijkt een open deur, maar de pijlen vanuit de leider naar elk deel van de organisatie zijn niet meer gestoeld op regels, oplossingen en procedurele grenzen, maar op criteria waaraan een oplossing moet voldoen. Hier staat leiderschap centraal dat via vertrouwen in elkaar de organisatie wil bouwen.

De centrale rol van de leider

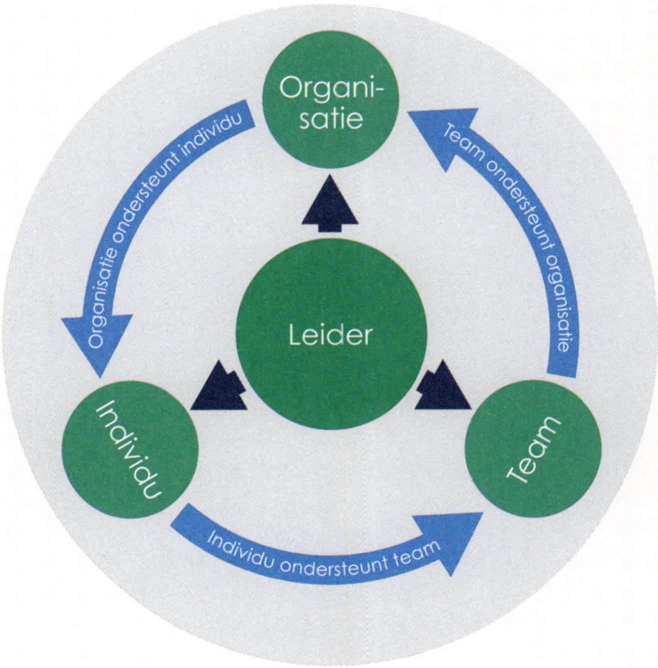

Afb. 5.1

Persoonlijk leiderschap

Hoofdstuk **5**

Persoonlijk leiderschap

Hoofdstuk 5 **Persoonlijk** leiderschap 108
Innerlijke waarde 112
Deksel op drijfveren 113
Egomasker: subtiel aanwezig 113
Voorbeelden genoeg 114
Een ander fundament 115
Van binnen naar buiten 116
De zeven kernwaarden van Human Being Leiderschap . 119

Innerlijke waarde

> Wie heeft er in jouw leven op de rem getrapt?

Op zoek gaan naar Human Being Leiderschap is op zoek gaan naar de waarde in jezelf: persoonlijk leiderschap of, anders gezegd, je innerlijke waarde. Zoals ik al eerder aangaf, is dat voor succesvolle leiders uitermate lastig. Want als je bent aangekomen op of vlak onder de top, dan geloof je zo in je eigen succes dat je per definitie aanneemt dat het met jou wel goed zit. Anders was je niet zo ver gekomen.

En de baas zelf? [Cees van der Hoeven] Hij geniet van zijn nieuwe rol. In één van zijn eerste televisie-interviews, bij actualiteitenrubriek NOVA, komt hij er ruiterlijk voor uit dat dit ook de bedoeling was. "Ik heb er als klein jongetje altijd van gedroomd om de baas te worden van een grote club." Als hem gevraagd wordt naar zijn negatieve eigenschappen kijkt de kersverse president de interviewer minzaam aan en zegt: "Ik vind het belangrijk hoe je er uit ziet en hoe je overkomt. Een andere zwakte is misschien dat ik het te belangrijk vind wat anderen mensen van mij vinden."

Regelmatig wordt deze AHOLD-president gesignaleerd op modeshows en staan foto's van het stel in de roddelbladen. […] Hij (Henny de Ruiter) wijst Van der Hoeven op de risico's: als je een hoog profiel in de media hebt, kan een klein schrammetje veel schade aanrichten. Het haalt niets uit. Als over dit onderwerp te vaak opmerkingen worden gemaakt raakt Van der Hoeven geïrriteerd.

Uit: Het drama AHOLD van Jeroen Smit

Deksel op drijfveren

Hier zien we gebeuren wat succesvolle leiders vroeger of later overkomt. Het masker van je functie en positie dat Ego heet gaat zo stevig voor de werkelijkheid zitten, en je omgeving past zich zo naar jouw maatstaven aan, dat je het zicht op jezelf volledig kwijt kunt raken. En, zoals ik al eerder opmerkte: dit heb je zelf niet in de gaten. Want de hand die het deksel op je onbewuste drijfveren houdt is door jarenlange ervaring sterker dan de hand die het deksel zou moeten oplichten. Dat deksel wijkt heel moeilijk. Ook als je diep nadenkt, ook als je kritiek van anderen kunt ontvangen, ook als je open bent.

Want dit is het grote misverstand: nadenken, kritiek ontvangen en open zijn hebben niets te maken met inzicht in jezelf. Sterker nog, deze eigenschappen weerhouden je vaak om werkelijk naar binnen te kunnen kijken. De menselijke psyche is namelijk tevreden in haar vertrouwde comfortzone en zal daar uit eigen beweging niet uit willen komen. Telkens als je dichtbij komt om het deksel van je onbewuste een stukje op te lichten, dan drijft de ratio je in je comfortzone terug. Ratio leeft bij de gratie van kennen en begrijpen. Zodra je iets begrijpt, hoef je niet verder te zoeken.

Egomasker: subtiel aanwezig

Daarnaast is er nog een ander veel voorkomend misverstand, namelijk dat het hebben van een egomasker leidt tot egoïstisch machogedrag. En dat je, als je zulk machogedrag niet vertoont, ook geen egomasker hebt. Het masker dat Ego heet is veel subtieler aanwezig. Het laat bepaalde informatie, namelijk informatie met een persoonlijke negatieve lading, simpelweg niet binnenkomen. Het reageert daar meteen op door deze informatie direct af te wijzen. Je luistert dus bij voorbaat al niet naar bepaalde informatie, zonder te weten waarom deze informatie ten diepste wordt afgewezen. De kunst is om de werking van het egomasker te herkennen, maar de motivatie om dat te doen is gering, omdat je met het huidige gedrag verdraaid ver bent gekomen!

Je krijgt de subtiele werking van je egomasker pas in de gaten als je uit je comfortzone komt. Als je het aandurft om te twijfelen en te onderzoeken. Als je verbaasd kunt raken over je eigen mogelijkheden en beperkingen; je de eigen projecties leert herkennen en leert terugnemen. En dat alles vanuit de gedachte dat wie zichzelf overwint sterker is dan wie een organisatie leidt. De echte overwinningen vinden in je binnenwereld plaats en niet in je buitenwereld. Want als je eenmaal in het innerlijk bewustworden terecht bent gekomen, dan word je nederig over je eigen rol, over wat je nog aan projecties hebt en toont, over hoeveel je te verbergen hebt, over pijn en kwetsbaarheid en over de weg die je nog te gaan hebt.

> Elk sterrenrestaurant heeft een vuilnisvat.

Voorbeelden genoeg

Ons handelen en ons gedrag zijn zichtbaar in de buitenwereld. Maar ze hebben een oorsprong, dieper in ons, verder weg, niet zichtbaar, voelbaar of hoorbaar. Die diepere oorsprong is uiteindelijk mede verantwoordelijk voor ogenschijnlijk onverklaarbaar gedrag. Wat maakt dat ik ineens boos word? Hoe komt het dat ik ineens heel verdrietig werd? Ik weet niet waarom, maar op de een of andere manier irriteert die nieuwe medewerker mij mateloos. Wat maakt dat mensen als Bill Clinton (ex-president van Amerika), Dominique Strauss-Kahn (ex-directeur van het IMF), Halbe Zijlstra (ex-minister van Buitenlandse Zaken), Frank Oranje (ex-bestuursvoorzitter van de landsadvocaat Pels Rijcken) een actie ondernamen waarmee zij zichzelf zwaar zouden beschadigen? Er staat niet voor niets ex achter elke naam.

Hun handelwijze wordt door het grote publiek niet begrepen. Waarom doe je wat je doet? In vrijwel alle gevallen wordt hun handelen gezien als een 'black-out', als een tijdelijke vorm van onbekwaamheid, van verlies van intelligentie. Maar dat is niet het geval, het zijn de pijn en de patronen vanuit je verleden die maken dat je de realiteit uit het oog verliest. En dat je daardoor, door een desastreuze handeling of uitspraak, je zorgvuldig opgebouwde carrière ernstig kunt schaden.

Aan hun intelligentie ligt het niet, dat zit wel goed. Maar toch handelen ze beschadigend voor hun omgeving, maar vooral ook voor zichzelf. En zo kunnen we doorgaan met heel veel voorbeelden van alledaagse gebeurtenissen. Hier doet onze indirecte psychische aansturing, die in zijn algemeenheid met onbewuste aansturing wordt aangeduid, haar werk. Het is als in de fysieke wereld: het atoom kennen we door zijn manifestatie in de buitenwereld. Net als het atoom kunnen we het onbewuste leren kennen door zijn manifestaties in de buitenwereld. Deze manifestaties worden projecties genoemd.

Een ander fundament

Word je onbekwaam om beslissingen te nemen als je op zoek gaat naar je innerlijke waarde? Word je een leider die aan zichzelf gaat twijfelen en geen besluiten meer neemt? Zeker, bewustwording heeft effect op de leider die op zoek gaat naar haar innerlijke drijfveren. Die zoektocht kan een tijdelijke verstoring geven in je daadkracht en besluitvaardigheid. Maar het tegenovergestelde gebeurt ook: zicht op je binnenwereld levert gaandeweg een standvastiger houding op. De leider gaat ervaren dat haar beslissingen steeds objectiever en universeler worden. Niet direct in hun uiteindelijke uitvoering, die nog steeds allerlei vormen kan aannemen, maar wel in hun essentie, in hun fundament. Als je dan moet oordelen over een briljante medewerker die steeds boos wordt (zie blz. 36), dan zul je niet gehinderd door je eigen projecties in alle objectiviteit kunnen erkennen dat hij briljant is.

Door innerlijke bewustwording ben je in staat om de problemen en uitdagingen binnen je organisatie te toetsen aan de enige vaste, beschikbare en waarheidsgetrouwe bron: jezelf. Maar deze bron wordt pas waarheidsgetrouw als deze ontdaan is van alle vooringenomen overtuigingen, angsten en beperkingen die voortkomen uit je eigen jeugd. Als persoonlijk leider kun je loskomen van je eigen beperkende overtuigingen. Daardoor zal het niveau van je beslissingen het persoonlijk beperkende overstijgen en universeler worden. Daarmee vervalt ook de strijd tussen het eigenbelang en het organisatiebelang, omdat beide elkaar nu omvatten.

Hoge particuliere zelfbewuste personen zijn per definitie vooral op de hoogte van hun eigen motieven, houdingen en aanleg.

Na over zichzelf te hebben nagedacht, zijn ze zeker van wat hun houding werkelijk is. Gezien hun vrij precieze zelfkennis zou wat ze op een bepaald moment zeggen over een bepaalde houding in wezen hetzelfde moeten zijn als wat ze op een ander moment zeggen. Evenzo zou wat ze in de ene context zeggen hetzelfde moeten zijn als wat ze in een andere zeggen. De temporele stabiliteit van zelfgerapporteerde attitudes zou hoog moeten zijn voor personen die hoog in privé-zelfbewustzijn zijn. Lage particuliere zelfbewuste personen, aan de andere kant, reflecteren meestal niet over zichzelf. Als zodanig zouden ze slechts een vaag idee moeten hebben van wat hun houding werkelijk is. De temporele stabiliteit van hun zelfgerapporteerde houding moet dus laag zijn.

The implications of Personality traits on person-job fit – PhD study Karel Helsen December 2006

Van binnen naar buiten

Als je dit innerlijk fundament kunt beleven, dan blijkt dat de kwaliteiten die passen bij jouw leiderschap een basis hebben die wezenlijk anders is dan kennis, status, macht en hiërarchie. Dan komen je kwaliteiten voort uit wie jij zelf als mens ten diepste bent. Grote leiders als Martin Luther King (met zijn *I have a dream*), Anwar Sadat (die zijn angst overwon en naar Israël reisde voor vredesbesprekingen) en Nelson Mandela (die in gevangenschap zijn eigenwaarde behield) hebben dat laten zien. Door het ontsluiten van dit innerlijk fundament ervaar je dat een bepaalde leiderschapsstijl van nature bij je past. Die wordt een deel van jezelf. Dan wordt leiderschap niet meer van buiten naar binnen geleefd, maar van binnen naar buiten. Je gedraagt je niet meer zoals de stijl van je verlangt, maar de stijl gedraagt zich naar jouw essentie.

Wat helpt dit alles je bij de dagelijkse beslommeringen die horen bij het leiden van een bedrijf of organisatie? Wat is nu het werkelijke voordeel? Dat blijkt uit de geschiedenis van oorlogvoering:

SunTzu, een Chinese generaal en militair strateeg uit de 4e eeuw voor Christus, legt in het aan hem toegeschreven boek De kunst van het oorlog voeren uit wat je als leider van een groep na moet streven: een positie van potentiële kracht. Die kracht ligt in het feit dat een goede leider met een goede strategie meerdere

Eendimensionale beslisruimte

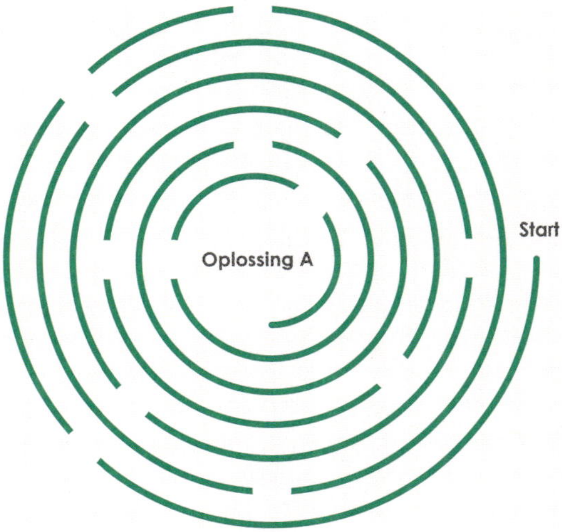

Afb. 5.2

Meerdimensionale beslisruimte

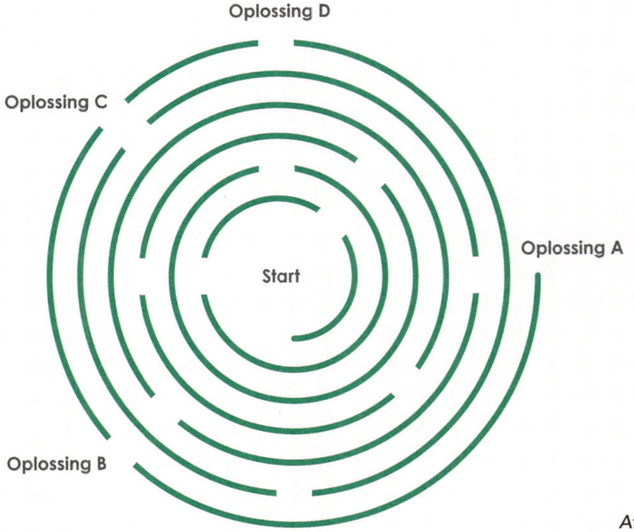

Afb. 5.3

opties kent, meerdere wegen kan bewandelen. Als in een gevecht de tegenstander minder opties heeft dan jij, dan zul je de strijd uiteindelijk winnen… tenzij je zelf door eigen toedoen je meerkeuzevrijheid kwijtraakt. De boodschap van Sun Tzu: bij meerkeuzevrijheid heb je meer kans je doel te bereiken.

Bij de beslisruimte van leiders werkt het net zo. Een leider die zich niet bewust is van haar innerlijke drijfveren en valkuilen heeft bij beslissingen niet echt een keuze. Zij zal altijd een keuze maken die haar weghoudt van inzicht in onbewuste valkuilen. En de leider herkent dit niet van zichzelf. Ten eerste zou zij anders handelen als zij dit wel zou herkennen, maar ten tweede kan zij dit niet herkennen omdat zij niet in zijn eigen onbewuste kan kijken. Een verhaal over Flatland van Edwin Abbott Abbott illustreert dit als volgt:

Flatland is het verhaal van de tweedimensionale wereld waarin lengte en breedte gekend worden, maar hoogte niet. Een verfstreek is dus een muur waar niet overheen gekeken kan worden. Stel dat je begint te verven op de Noordpool, de muur van verf ontstaat, maar je heb de wereld nog aan je voeten. Je verft door en door, en je komt bij de evenaar. Nog steeds ligt de wereld aan je voeten. Je verft door en door tot je plotseling, aangekomen bij de Zuidpool de muur in je rug ziet oprijzen: je bent ingesloten in je eigen gecreëerde tweedimensionale wereld. Zo werkt een beperkte beslisruimte zonder bewustwording ook. Je bent opgesloten en je hebt het je leven lang niet in de gaten.

Er is geen ruimte voor objectieve beslissingen, omdat de leider gedreven wordt door vooringenomenheid, hoezeer zij ook vindt dat zij alles meeweegt en overdenkt. Want het onbewuste wordt niet aangeraakt door denkkracht, kennis en vaardigheden, maar door het proces van bewustwording van die innerlijke valkuilen.

De zeven kernwaarden van Human Being Leiderschap

Met deze zeven kernwaarden schets ik een ideaalbeeld, in de wetenschap dat dit nooit helemaal bereikt kan worden. Maar deze kernwaarden geven wel een beeld waar een leider naar toe kan werken door zichzelf beter te leren kennen dan alleen op cognitief niveau. Het doorlopen van het proces van bewustwording levert de volgende zeven kernwaarden op:

1) Alles kan gezegd worden: afkeuring, goedkeuring, kritiek, beledigingen.

De leider die haar persoonlijke belemmeringen van onbewust naar bewust heeft weten te brengen en daardoor haar kwetsuren (de pijn die haar is aangedaan) uit haar eigenwaarde heeft weggehaald, wordt minder gevoelig voor negatieve verbale reacties. Er ontstaat een bewustzijn dat niet meer in de beperkte wereld van persoonlijke gevoeligheden gevangen zit. Hoe hoger de eigenwaarde, hoe meer we naar een objectief beschouwend beeld gaan. Er volgen geen verdediging, weerstand en represailles naar de boodschapper. Alles mag er zijn, alles wordt gewogen en werkelijk gehoord, omdat kwetsuren van vroeger zijn doorleefd en daardoor het bewustzijn ruimer is geworden.

2) Falen ligt bij haar, succes bij de ander.

Een dergelijke leider is zich objectief bewust van haar mogelijkheden en onmogelijkheden. Als zij een route uitstippelt, kent zij haar richting en strategie. Bij falen zal zij naar zichzelf kijken, omdat zij haar verantwoordelijkheid in volle omvang wil nemen. Bij succes zal zij de ander openlijk kunnen waarderen, omdat zijzelf dit niet of in mindere mate nodig heeft. Zij kan zichzelf objectief zien staan en haar bijdrage aan het geheel (waar zij deel van uitmaakt), objectiever beoordelen.

3) Is open en direct in communicatie, creëert open sfeer, geen dubbele bodems.

Deze leider oordeelt, maar veroordeelt nooit. Zij kan alles zeggen, omdat anderen alles tegen haar kunnen zeggen. En omdat zij spreekt met een respect dat niet meer afhangt van haar beperkte overtuigingen. Zij hoeft niets te verbergen wat van belang is voor de medewerkers. Zij heeft geen verborgen agenda, omdat zij een innerlijke keuze heeft gemaakt voor de te volgen route. Door haar houding stimuleert zij openheid in de organisatie, want zij zendt onbewust een sfeer van vertrouwen en respect uit.

4) Omarmt nieuwe ideeën, wijst niets af, onderzoekt en besluit dan wat goed of niet goed is.

De leider vindt vernieuwing noodzakelijk en verfrissend. Zij onderzoekt alles, maakt tijd voor nieuwe ontwikkelingen, hoe vreemd of buiten de scope van de organisatie deze ook lijken. Zij laat zich informeren om tot een gericht besluit te komen en wijst niets bij voorbaat af. Zij zal na geruime tijd een eerder afgewezen vernieuwing opnieuw durven bekijken en evalueren en kent daarin geen vooringenomenheid.

5) Is standvastig in beslissingen, vaart een heldere koers, is in staat objectiever te oordelen.

Eenmaal genomen beslissingen volgt zij standvastig en vasthoudend, zonder daarbij dogmatisch te zijn. Door de objectiviteit van haar oordeel is de koers een juiste koers voor dat moment; zij heeft vertrouwen in zichzelf en haar medewerkers, dus in de richting en uitkomst. Zonder nieuwe belangrijke feiten kan zij vasthouden aan de koers, waardoor een stabiele richting ontstaat die zijn weerslag vindt in de organisatie. Vertrouwen in haar eigen handelen wordt niet dogmatisch, omdat zij de invloeden van buitenaf objectief meeweegt.

6) Stimuleert anderen tot groei naar essentie en meesterschap.

Zij ziet de ander zoals hij of zij is, inclusief het meesterschap dat anderen bij zich dragen. Overvraagt niet in wat geleverd moet worden. Stelt vanuit innerlijke compassie grenzen aan wat medewerkers moeten leveren. Stimuleert anderen tot ontdekken van meesterschap, hun mogelijkheden en beperkingen. Zit niet in een rolverstarring, maar durft van de ander te leren, ongeacht rang, stand of positie.

7) Is blijvend op zoek naar nieuwe verdieping in eigen bewustwording.

Eenmaal op het pad van bewustwording, wijkt zij daar niet meer van af. Zij blijft zoeken naar haar diepere drijfveren. Beseft dat dit een levenslang proces is. Daarbij is zij in staat zichzelf, soms met hulp van buitenaf, te spiegelen. Zij transformeert de negatieve gevoelens in zichzelf naar verdere bewustwording. Ervaart vanuit een hoger bewustzijn, staat met beide benen op de grond, en werkt vanuit passie en realisme.

Persoonlijk leiderschap **als manager**

Hoofdstuk 6

Persoonlijk leiderschap **als manager**

Hoofdstuk 6 Persoonlijk leiderschap **als manager** .. 122

Andere invalshoeken ... 126

De dilemma's van de HRM-manager ... 127

Een hardnekkig misverstand ... 128

Het oudersyndroom afleggen ... 130

Afschuiven van verantwoordelijkheid ... 132

De HBM-visie op leiderschap en management ... 133

Vier uitgangspunten ... 133

De hamvraag: werkt HBM? ... 137

Gericht competentiemanagement ... 138

Andere invalshoeken

> Waar hebben jouw patronen indertijd een oplossing voor geboden?

In het voorgaande hoofdstuk komt naar voren dat een Human Being Leider vanuit andere invalshoeken opereert dan de traditionele HRM-gerichte leider. Uit de zeven kernwaarden die ik op blz. 119, 120 en 121 heb beschreven blijkt dat Human Being Leiderschap uitgaat van een duidelijk na te streven niveau van de menselijke maat. Er is een levenslang proces van bewustwording nodig om naar dat ideaalbeeld toe te groeien, in het besef dat we het nooit in volle omvang zullen bereiken.

Hoe ziet het verandertraject om Human Being Leider te worden er uit? Die transformatie ga ik hier verder uitwerken, inclusief de gevolgen ervan voor zowel leiderschap als management. Want ook de manager komt in dit hoofdstuk aan bod. Er zijn namelijk nogal wat verschillen, maar ook een zekere overlap tussen leiders en managers. Op specifieke gebieden zal ik de overeenkomsten en de verschillen tussen beiden concreet maken.

De verschillen tussen de traditionele HRM-benadering en de HBM-filosofie zijn van invloed op alle hiërarchische niveaus van een organisatie. Dat is een essentieel gegeven, omdat veranderingen die *leiders* in hun stijl van leidinggeven aanbrengen in belangrijke mate gevolgd worden door veranderingen bij *managers en medewerkers*. Dat geldt ook voor de manier waarop de manager op zijn beurt medewerkers aanstuurt. Het proces van zelfreflectie, bewustwording, beschikken over een grotere beslisruimte en het nemen van verantwoordelijkheid leidt tot een fundamenteel andere opvatting omtrent de taak en de rol van iedereen die in de organisatie werkt.

De dilemma's van de HRM-manager

HRM is ontwikkeld vanuit de organisatie, die de mens als hulpbron beschouwt. In deze setting ligt de focus van de manager op het bewaken en sturen van bedrijfsprocessen. Daarbij treden *innerlijke* tegenstrijdigheden op (managementdilemma's), omdat hij meerdere botsende belangen in zichzelf moet verenigen. We kunnen hier denken aan coachen en tegelijkertijd hiërarchisch de meerdere van de coachee zijn. Flexibiliteit bij veranderingen combineren met de standvastigheid van de koers; interne gerichtheid van de organisatie samen laten vallen met de blik naar buiten; frictie tussen instructies van bovenaf en onbegrip van de werkvloer, enzovoort.

Grofweg kennen HRM-managementmodellen acht rollen, die in onderstaande afbeelding staan weergegeven. Zij vormen een illustratie van de traditionele managementfocus binnen een HRM-organisatie. Deze rollen zijn respectievelijk enthousiasmeren, coachen, vernieuwen, arbitreren, vormgeven, bewaken, managen en controleren. Deze rollen heb ik eerder in hoofdstuk 2 nader uitgewerkt en vergeleken met de setting van een HBM-organisatie.

De HRM-tegenstrijdigheden

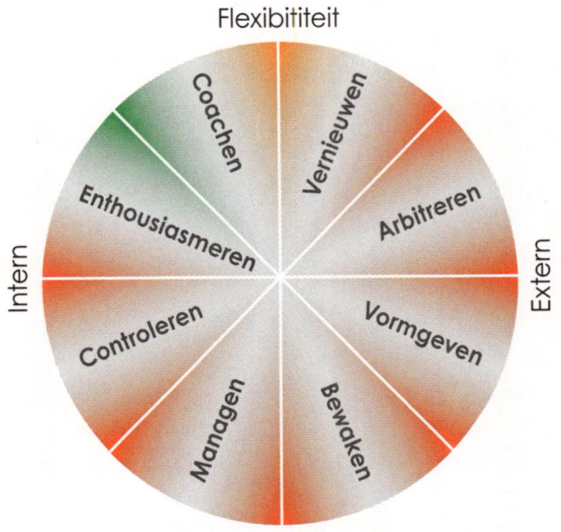

Afb. 6.1

Een hardnekkig misverstand

De opsomming van de acht rollen hiervoor is een algemene doorsnede van de gebruikelijke taak en rol van de manager. Natuurlijk zijn er meerdere specifieke elementen aan toe te voegen, maar ik denk dat het voorgaand een goed beeld geeft van het gemiddelde takenpakket van de manager. En dat is veel, heel veel. Daarbij gaat de meeste tijd zitten in het feit dat de medewerker, ook de universitair opgeleide, nog een grote taakonvolwassenheid kan hebben. Volwassenheid wordt namelijk niet bepaald door een hoog opleidingsniveau, maar door de mate van zelfreflectie waartoe de medewerker in staat is.

De praktijk leert dat intelligente medewerkers regelmatig denken dat intelligentie hetzelfde is als bewustzijn. Ze menen dat hun intelligentie hen automatisch helpt bij zelfinzicht in datgene wat hun gedrag bepaalt. Zo ontstaat het hardnekkig misverstand dat hoe hoger je op de intelligentieladder staat, hoe zelfbewuster je bent. Maar juist het tegenovergestelde is waar: de intelligente medewerker hoeft zich niet alleen minder bewust te zijn van zijn innerlijke patronen en drijfveren, hij zal het ontdekken daarvan ook eerder door zijn intelligentie kunnen laten blokkeren.

Als we de gebruikelijke gang van zaken (managers die veel tijd besteden aan het managen van medewerkers; leiders die veel tijd besteden aan het leiden van managers) willen doorbreken, dan moeten we de Cultuur en de Structuur van de totale organisatie onder de loep nemen. Ook is op een fundamenteler niveau aandacht voor het individu nodig. En dan lopen we al snel tegen een hobbel aan. Want we zijn het niet gewend dat een medewerker ook zonder dichtgeregelde protocollen en voorschriften verantwoordelijkheid kan nemen voor haar of zijn werk, voor het team en voor de organisatie.

Een klein voorbeeld kan dit verduidelijken.

> *In een productiebedrijf werden de werkonderbrekingen – zoals pauzes, lunches en het einde van de werkdag – met een belsignaal aangekondigd. De bedrijfsleiding had moeite om deze ouderwetse methode los te laten. Want de medewerkers gingen vaak al een kwartier eerder dan de bel voor het einde van de werkdag hun spullen opbergen, en vervolgens zat iedereen te wachten tot de bel ging. Tot verrassing van de bedrijfsleiding*

bleek in een proefperiode waarin de bel werd afgeschaft dat de medewerkers langer doorwerkten. De leiding had geen rekening gehouden met het feit dat als je mensen hun verantwoordelijkheid ontneemt (de bel bepaalt), ze ook geen verantwoordelijkheid nemen. Maar zodra je medewerkers verantwoordelijkheid geeft, blijkt dat vrijwel iedereen die ook neemt.

Dit voorbeeld illustreert dat een organisatie die de medewerkers de kans geeft om de Natuur in zichzelf te ontdekken en verder te ontwikkelen, ervaart dat er een aanzienlijke verschuiving plaats vindt in de tijdsinvestering van managers. De algemene tendens is dat de medewerker niet alles meer bij de manager neerlegt, maar vanuit zelfbewustzijn meer zichzelf kan managen.

Tijdsverdeling management HRM versus HBM

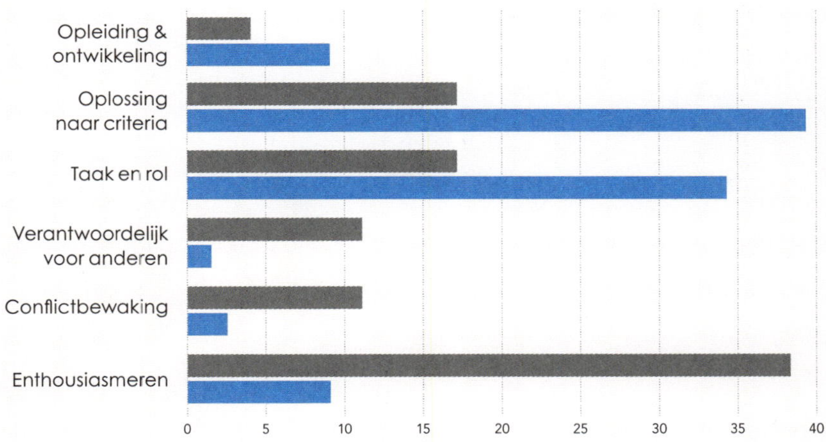

Grafiek 6.2

In de grafiek zien we deze verschuivingen weergegeven. Het persoonlijk enthousiasmeren gaat omlaag omdat de medewerker dit niet meer verlangt van de manager door bewustwording van het oudersyndroom (zie blz. 130). Conflictbewaking neemt ook af omdat de medewerkers binnen het team geleerd hebben om het eerst bij zichzelf te zoeken. Verantwoordelijkheid ligt nu bij de medewerker zelf, waardoor de manager deze niet langer hoeft over te nemen. Er blijft voor de manager dus aanzienlijk meer tijd over om de taken en rollen goed te adresseren en door competentiemanagement de juiste mens op de juist plek te krijgen. De grootste winst wordt geboekt bij criteria en doelen. Dit is een waardevolle verandering, omdat deze direct gelieerd is aan de output van het team. De verandering van focus op diverse gebieden maakt dat ontwikkeling en opleiding van medewerkers weer duidelijk meer aandacht krijgen. Daarmee stimuleert de manager een leven lang leren.

Het oudersyndroom afleggen

Volgens de in hoofdstuk 1 beschreven ontwikkelingslijn evolueerde de werkende mens van pion naar geboeide, van geboeide naar ondergeschikte en van ondergeschikte naar resource. Thans dient zich de stap aan van resource die evolueert naar autonome medewerker. In deze ontwikkeling maakt Human Being Leiderschap de stap van hulpbron naar de autonome mens concreet. Hoe meer mensen die stap zetten, hoe relevanter de individuele inbreng van de autonome mens binnen organisaties de komende jaren zal worden.

Met de toenemende relevantie van individuele inbreng komt ook het oudersyndroom om de hoek kijken. Want de ontwikkeling van ieder mens is verschillend. Terwijl de één van huis uit geen of weinig eigenwaarde heeft meegekregen, heeft de ander van jongs af geleerd dat de hoogste graad van uitvoering – perfectie dus – de enige optie is. Weer een ander heeft te horen gekregen dat hij dienstbaar moet zijn. Al deze persoonlijke eigenschappen die door de ouders [6.1] zijn ingeprent, vormen innerlijke patronen die in de loop van de jaren zijn ontstaan en later

Note 6.1: *Ik spreek hier over ouders, maar het moge duidelijk zijn dat allen worden bedoeld die een merkbare imprint hebben achtergelaten in het individu. Met een algemeen woord aan te duiden als opvoeders, zoals vader en moeder, maar ook opa's, oma's, ooms, tantes, leraren, buren en dergelijke. Kortheidshalve hanteer ik hier de termen ouders en oudersyndroom.*

onbewust op de manager worden geprojecteerd. Daardoor krijgt deze een ouderrol toebedeeld die niet bij zijn takenpakket zou moeten horen. En de al eerder benoemde taakbelasting van de manager is hier nog niet eens niet het belangrijkste. Het belangrijkste is dat de werknemer hierdoor niet autonoom kan zijn.

De autonomie van de medewerker krijgt door het meewegen van de Natuur in de organisatie een andere invulling. Dan verandert de traditionele managementstijl, die vooral is gericht op het managen van het individu, in het vooral managen van het team. De individuele medewerker weet door zijn bewustwording dat de manager niet langer de ouderrol heeft. We zien dit in onderstaande afbeelding.

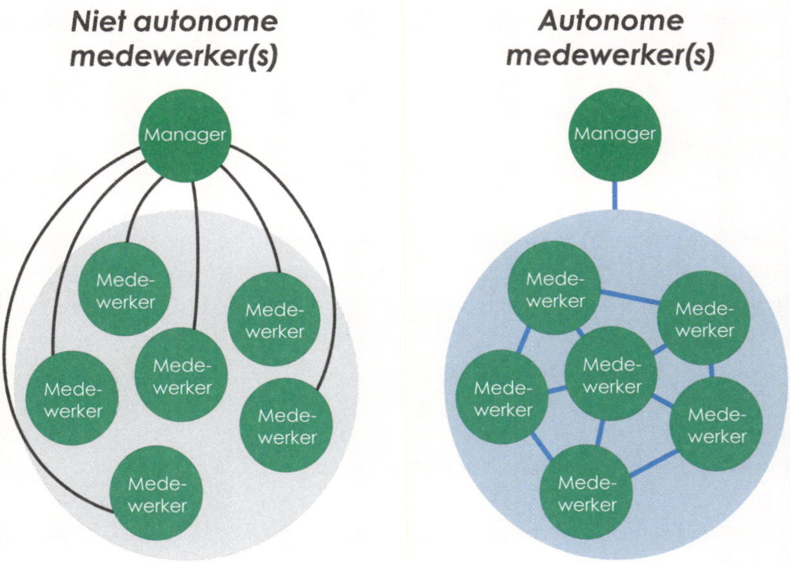

Afb. 6.3

Om een autonoom mens te worden moeten de medewerker, de manager en de leider langs de weg van zelfreflectie en bewustwording hun oudersyndroom afleggen. Als zij afscheid kunnen nemen van dit syndroom neemt hun beslisruimte toe en kunnen zij meer verantwoordelijkheid nemen. Als gevolg daarvan zal er een ingrijpende verandering in organisaties plaatsvinden op het gebied van de aansturing van medewerkers en teams, zoals eerder al beschreven. Die verandering betreft de hele organisatie, want het bij menigeen levende idee dat leiders en managers meer verantwoordelijkheid nemen dan medewerkers is onjuist. De status of positie van leiders en managers staat geheel los van het intrinsiek nemen van verantwoordelijkheid.

Afschuiven van verantwoordelijkheid

Het afschuiven van verantwoordelijkheid naar anderen is een veel voorkomende verschijningsvorm van een innerlijk patroon. Ik heb daar op blz. 89 al over geschreven bij het fenomeen back-fire. Maar er zijn tal van innerlijke patronen, die zich op specifieke momenten in een bepaald gedrag laten zien. Het kan ook gaan om de medewerker die bij alles zo perfect wil zijn dat er nog maar weinig uit zijn handen komt. Of iemand die zichzelf zo van minder waarde vindt dat hij steeds bezig is om zijn collega's te plezieren. Of een collega die kennelijk de realiteit niet onder ogen wil zien en zich verliest in droombeelden. Enzovoort. Allemaal door innerlijke patronen die de mens met zich meedraagt, en die vooral op momenten van stress en druk in zijn gedrag tot uiting komen.

HBM streeft naar bewustwording van deze innerlijke patronen, in de eerste plaats omdat zij de volledige ontplooiing van de mens blokkeren. Maar ook omdat door die patronen de manager vanuit HBM gezien op een oneigenlijke wijze wordt ingezet voor zaken als conflictbeheersing, sturing geven, stimulansen bieden en dergelijke. Daarmee gaan veel energie, tijd en geld onnodig verloren. Positief geformuleerd: de medewerker die door bewustwording zijn neiging om verantwoordelijkheden af te schuiven heeft overwonnen, bevordert zijn persoonlijke ontwikkeling en bewijst tevens zijn manager een grote dienst.

Dat geldt ook voor de manager en voor de leider zelf. Ook die zullen zich bewust moeten worden van hun innerlijke patronen. Zodat zij doorzien wanneer zij zelf verantwoordelijkheden afschuiven, of wanneer zij oneigenlijke verantwoordelijkheden krijgen toegeschoven. Nu heeft een leider geen mogelijkheden om haar verantwoordelijkheden binnen de organisatie op iets of iemand af te schuiven, maar naar buiten kan dat natuurlijk wel. Afhankelijkheid van toeleveranciers die hun werk niet doen, ruzie met bestuursvoorzitters die de grote lijnen niet zien… ontsnappingsmogelijkheden genoeg.

De HBM-visie op leiderschap en management

De Nederlandse praktijk [6.2] laat zien dat de afstand tussen werknemer, manager en leider gestaag kleiner wordt. Dat gegeven hangt uiteraard samen met de ontwikkeling van de individuele mens, en vraagt om een andere benadering van de kwaliteiten van managers en leiders. Deze andere benadering breng ik in beeld door het beschrijven van acht basisfuncties – zoals eerder in hoofdstuk 2 en in dit hoofdstuk bij de HRM-manager en zijn dilemma's.

Vier uitganspunten

Zoals in de volgende twee cirkels is aangegeven, richt de HBM-filosofie haar focus voor het leiden en managen van een organisatie op vier uitgangspunten:

- De menselijke maat
- Duurzaamheid
- Innoveren
- Resultaat

Elke organisatie moet op deze vier uitgangspunten gericht zijn. De invulling daarvan verschilt voor de manager en de leider. Deze verschillen zijn aangegeven in de gekleurde segmenten van de twee cirkels. Waar

Note 6.2: *In veel andere landen zijn de hiërarchische verhoudingen binnen organisaties strikter en formeler dan bij ons. Dat biedt minder ruimte voor de HBM-benadering. Toch bestaan er internationaal gezien veel overeenkomsten met HBM als het gaat om belangrijke leiderschapscompetenties. Uit Amerikaans onderzoek van Jack Zenger en Joseph Folkman, verricht bij ruim 330.000 respondenten en gepubliceerd in Harvard Business Review, blijkt dat leiders, managers en medewerkers consequent zeven leiderschapscompetenties als de meest waardevolle beschouwen. Een korte samenvatting van dit onderzoek is als bijlage E in dit boek opgenomen.*

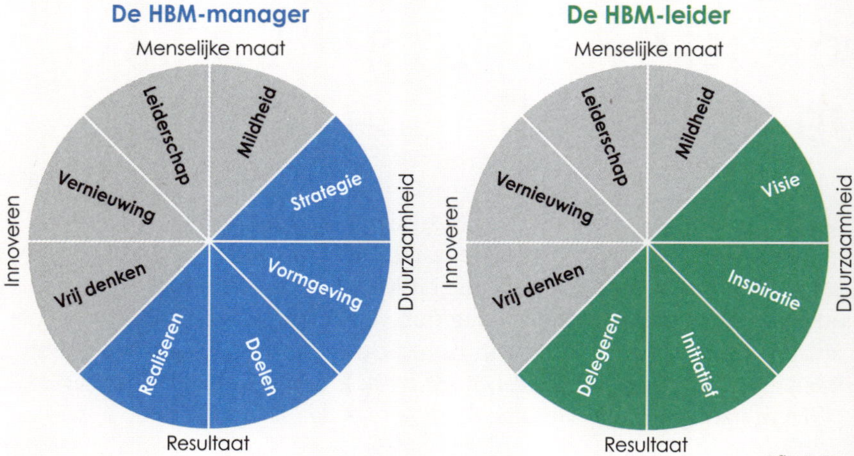

Afb. 6.4

de leider visie, inspiratie, initiatief en delegeren heeft staan (een meer intuïtieve handelwijze) zal de manager een meer realistische handelwijze laten zien, gekenmerkt door strategie, vormgeving, doelen en realisatie. De in beide cirkels genoemde raakvlakken en verschillen tussen de manager en de leider staan hieronder nader beschreven.

1. Vernieuwing

De manager en de leider geven beiden richting aan vernieuwing. In de HBM-optiek is alles daarbij bespreekbaar. Leiders en managers tonen minder vooringenomenheid, omdat zij niet vast zitten in eigen innerlijke patronen. Zij kunnen objectiever kijken naar nieuwe ideeën en andere overtuigingen, en deze meenemen in visionair (leider) dan wel strategisch (manager) handelen.

2. Leiderschap

Beiden hebben leiderschap nodig, maar elk vanuit de eigen rol. De leider laat leiderschap zien door richting aan te geven, stabiliteit van richting te bewerkstelligen en te bewaken. En door mensen enthousiast te maken, door haar inspiratie te leven en deze vanuit visie te delegeren binnen de organisatie. De manager toont leiderschap door de visie als basis te nemen, deze te vertalen naar strategische doelen en deze doelen vervolgens binnen de gegeven kaders te realiseren.

3. Mildheid

Dit is voor de menselijke maat binnen de zakelijke context een belangrijke kwaliteit. Leider en manager zijn door hun ervaring bij het doorlopen van de Circle of Change in staat om met mildheid te oordelen over hun vakgebied. De manager kan een beroep doen op de mildheid en empathie van de medewerker, omdat ook deze via de Circle of Change meer bewust is geworden. Hij hoeft minder te arbitreren, omdat medewerkers hun eigen patronen leren herkennen. Daarmee is de traditionele arbitrage binnen de HRM-setting veranderd in mildheid, omdat de hele keten (leider-manager-werknemer) zich bewust is van deze stimulerende en opbouwende factor. Mildheid is de smeerolie voor de organisatie.

4. Visie *(Leider)* ***– Strategie*** *(Manager)*

Visie is een specifieke kwaliteit van de leider. De visie is leidend voor een organisatie, en onontbeerlijk als start- en ijkpunt voor iedereen die binnen de organisatie werkzaam is. Met een duidelijke visie kunnen voorkomende vraagstukken snel en efficiënt worden opgelost door ze te leggen langs dit ijkpunt van de organisatie. De manager volgt deze visie. Hij moet niet het einddoel ofwel de visie bepalen, maar wel de stappen ontwikkelen die tot het einddoel leiden. De manager stelt daarom regelmatig de hoe-vraag; hij bepaalt de route naar het in de visie geformuleerde doel. Als er geen bewustzijn op deze rolverdeling is (visie voor de leider, strategie voor de manager) zal de leider het realisme uit haar visie willen weren, want in het echt wordt het nooit zo mooi als in het beeld van de visie. Dan is de kiem voor een conflict gelegd.

5. Inspiratie *(Leider)* ***– Vormgeving*** *(Manager)*

De leider zal haar visie met enthousiasme en inspiratie willen uitdragen. Dit is waar haar kracht ligt en waar de organisatie door in beweging komt. De manager moet vorm geven aan datgene wat de visie beschrijft en wat via de inspiratie van de leider tot hem komt. Hij maakt de vertaalslag van de visie naar concrete stappen en zet die om in de vorm van rapportages, protocollen, producten en dergelijke.

6. ***Initiatief*** *(Leider)* – ***Doelen*** *(Manager)*

Een belangrijke kwaliteit voor de leider is initiatiefrijk zijn. Een leider die initiatief toont, brengt beweging in haar andere kwaliteiten, zoals visie en inspiratie. Initiatieven brengen de organisatie in beweging, waardoor het raderwerk van de keten idee-invulling-doel-uitwerking-realisatie op gang komt. De manager bepaalt de concrete stappen naar een doel, en combineert die met een haalbaar traject als het gaat om geld, de inzet van aanwezige competenties, de beschikbare menskracht en dergelijke. De manager vertaalt het conceptuele denken van de leider in concrete stappen en doelen.

7. ***Delegeren*** *(Leider)* – ***Realisatie*** *(Manager)*

De leider delegeert de bij de visie behorende stappen. Daarbij delegeert zij verantwoordelijkheden gelijktijdig met bevoegdheden, omdat zij weet dat binnen haar HBM-organisatie de manager en de medewerker verantwoordelijkheid nemen voor hun rol in het proces. De leider heeft de mogelijkheid om zodanig te delegeren dat zij zich vrijspeelt en zich bezig kan houden met overstijgende vraagstukken. De manager realiseert het doel tot een concreet eindpunt. In de realisatie houdt hij rekening met beperkingen en blokkades. Als de realisatie in gevaar komt, past hij wel zijn strategie aan, maar niet zijn doelen. Pas als blokkades zodanig zijn dat het doel niet gehaald kan worden, dan wordt zowel de visie als het doel aangepast.

8. ***Vrij denken***

De leider leert van de manager en van de medewerker omdat zij open staat voor nieuwe ideeën. Zij stimuleert openheid en communicatie tussen managers. Zij houdt vast aan haar visie, maar kan deze aanpassen als andere ideeën beter tot het gestelde doel leiden. De manager staat open voor alles wat tussen medewerkers plaatsvindt. Dit zal op een ander niveau plaatsvinden, omdat de medewerkers zich bewust zijn van innerlijke patronen die tot conflicten kunnen leiden. De meeste conflicten kunnen onderling worden opgelost.

De hamvraag: werkt HBM?

In het voorgaande heb ik aangegeven bij welke taken en rollen de HBM-gerichte leider en manager een andere focus en andere werkwijzen hanteren dan in het traditionele HRM. De hamvraag bij dit alles is: worden mensen en organisaties aantoonbaar beter van deze nieuwe manier van werken? Iets daarvan laat ik zien aan de hand van onderstaande omschrijving van een team, aangezien je het team kunt beschouwen als de spiegel van de organisatie.

Ik noem een aantal pluspunten van een team waarvan ieder teamlid persoonlijk de HBM-filosofie kent en de Circle of Change minstens éénmaal heeft doorlopen.

- De teamleden kennen elkaar nu ook op hun onderliggende drijfveren, die eerst onzichtbaar waren.
- Het team kan problemen beter bespreekbaar maken, omdat de teamleden zichzelf al aan elkaar hebben laten zien tijdens het doorlopen van de Circle of Change.
- Het team is efficiënter, omdat het beschikt over een rapportage die aangeeft wie binnen het team van wie kan leren en – niet onbelangrijk – wie van wie kan lenen.
- Het team wordt meer uitgedaagd in kennis, ervaring en slimheid, omdat het een oplossing moet vinden voor een probleem dat in een HBM-setting wordt omschreven in termen van criteria, en niet in termen van een oplossing die de manager moet aangeven.
- Het team laat meer verantwoordelijkheid zien, waardoor het hele zwaartepunt van een organisatie verschuift. Er vindt een verschuiving plaats van verantwoordelijkheden en bevoegdheden van hoog naar laag, waardoor de top zich met visie en beleid kan bezighouden en managers zich meer kunnen focussen op het doel.
- De manager heeft niet meer zijn hiërarchische macht nodig, maar zijn verbindende kracht. Zijn positie ten opzichte van het team krijgt meer het karakter van de primus inter pares (de eerste onder zijn gelijken).

Gericht competentiemanagement

HBM biedt aan iedereen in een organisatie de mogelijkheden om haar of zijn talenten optimaal te ontplooien en te benutten. Maar dan moet je wel weten wat die talenten zijn. Anders gezegd: hoe krijg je de juiste mens op de juiste plek? Daartoe biedt de Analytical Competence Tool (ACT; beschreven in bijlage C) unieke mogelijkheden. Dit meetinstrument is in staat om van elke individuele medewerker inzicht te krijgen in:

- competenties waarover hij of zij beschikt en die van nature bij hem of haar passen;
- competenties die voortkomen uit aangepast gedrag en daarom ongemerkt veel energie kosten en onder druk gaan vervormen tot een negatieve variant;
- competenties die hij of zij momenteel nog niet of nog niet volledig bezit, maar wel heel goed (verder) kan ontwikkelen omdat ze van nature goed bij hem of haar passen;
- en competenties die hij of zij momenteel niet of vrijwel niet bezit, en die ook niet verder ontwikkeld hoeven te worden omdat ze niet bij hem of haar passen.

Deze informatie op individueel niveau is op zich al heel waardevol voor verdere talentontwikkeling. Al was het alleen al om scholingsactiviteiten specifiek daarop aan te laten sluiten en zo tal van dure, maar nutteloze cursussen (waarvan het effect na korte tijd weer is verdampt) te vermijden. Maar deze informatie is ook perfect door te vertalen naar het functioneren van teams en van de organisatie als geheel. Als voorbeeld daarvan laat ik hier de cirkel van teamkracht zien, die aangeeft wie van het team bepaalde kwaliteiten heeft en daarvoor de verantwoordelijkheid neemt.

De cirkel toont vier kleuren, die corresponderen met vier typen teamleden: rood staat voor Intuïtie, groen voor Realisme, paars voor Gevoel en blauw voor Ratio. Deze typeringen geven inzicht in de manier waarop teamleden beslissingen nemen, ideeën vormen en omgaan met andere teamleden.

Rood: *Teamleden die horen bij het intuïtieve type baseren hun beslissingen op een innerlijk weten, en vormen hun ideeën op basis van ingevingen en inspiratie.*
Groen: *Teamleden die horen bij het realistische type nemen bij voorkeur*

informatie op via hun vijf zintuigen en vormen hun ideeën op basis van feiten en gegevens.

Paars: Teamleden die horen bij het gevoelstype baseren hun beslissingen op eigen persoonlijke waarden.

Blauw: Teamleden van het rationele type baseren hun beslissingen op logische oorzaak-gevolgredeneringen.

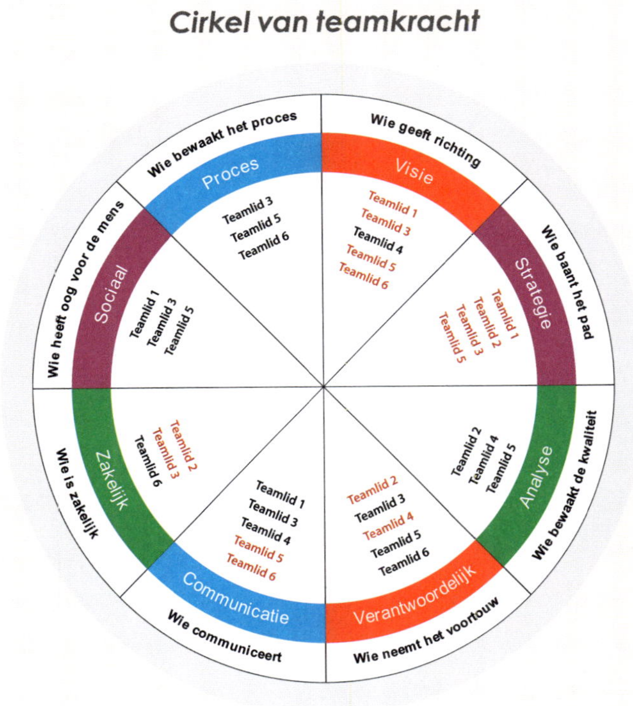

Afb. 6.5: Voorbeeld van cirkel van teamkracht

Deze cirkel van teamkracht laat de kwaliteiten en verantwoordelijkheden van elk teamlid zien, maar geen enkel teamlid beschikt over alle kwaliteiten. Het is de bedoeling dat men elkaar zo aanvult dat het team tot de best mogelijke resultaten komt. De volgende micro-benchmark laat zien waar elk teamlid van elkaar kan lenen of leren. Heel algemeen geformuleerd: lenen is incidenteel; dat doe je als het gaat om competenties die niet van nature bij je passen; leren is structureel; dat doe je als het gaat om competenties die wel bij je passen. De uitroeptekens in de benchmark geven aan welke competenties niet in het team aanwezig zijn; zo nodig kan de samenstelling van het team op basis van dit inzicht worden aangepast.

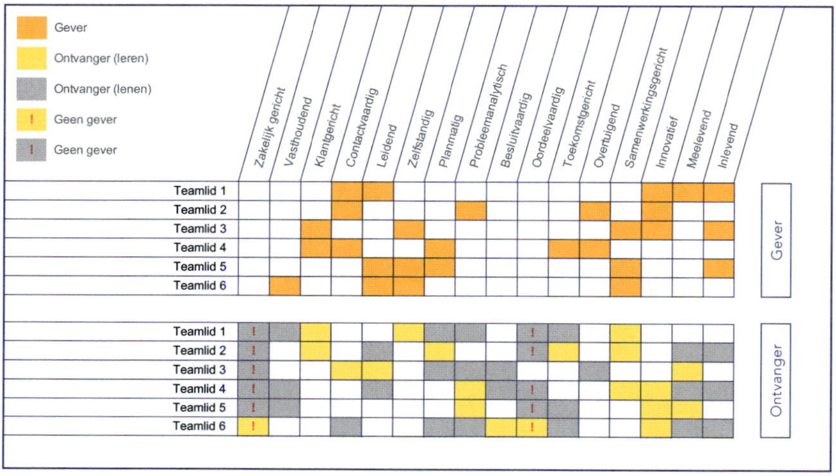

Afb. 6.6: Micro-benchmark

Nog even terug naar de hamvraag: werkt HBM? Bezie het voorgaande en oordeel zelf.

Persoonlijk leiderschap **als leider**

Hoofdstuk 7

N
E
S

Persoonlijk leiderschap **als leider**

Hoofdstuk 7 Persoonlijk leiderschap **als leider** 142

Drie uitdagingen voor elke leider 146

Van restrictiestructuur naar vertrouwenscultuur 147

Organisatieveranderingen 148

Natuurlijk veranderen 149

Veranderen onder leiding van een Human Being Leider 150

Organisatieverstoringen 153

Angst is een veenbrand 153

Vermijden van angst door consistentie 156

Waardecreatie door bewustwording 157

De uitingsvormen van angst 158

De uitingsvormen van schuld 160

Vier vormen van organisatiecultuur 162

De Cultuur en Natuur van:

De rolcultuur (Realisme) 164

De persoonscultuur (Gevoel) 166

De taakcultuur (Ratio) 167

De machtscultuur (Intuïtie) 168

Drie uitdagingen voor elke leider

> Het resultaat van bewustwording? Dat je leert waarderen wat je niet kunt en leert herkennen wie dat wel kan.

In dit laatste hoofdstuk plaats ik de Human Being Leider midden in de drie grote organisatie-uitdagingen waar elke leider voor staat in zowel kleine, middelgrote als grote organisaties.

Deze uitdagingen zijn:
a) Organisatiegedrag en heersende moraal (Culture)
b) Organisatieveranderingen (Change)
c) Organisatieverstoringen oplossen door vertrouwen (Confidence)

In onderstaande figuur staan deze drie uitdagingen, waar elke organisatie tegenaan loopt. De Culture staat voor het gedrag dat de medewerkers vertonen en wat elke dag opnieuw weer een uitdaging vormt voor de organisatie. De Change staat voor alle veranderingen die een organisatie ondergaat om te voldoen aan de eisen en wensen van klanten en overige stakeholders. En de Confidence representeert het vertrouwen dat je als leider moet hebben in de organisatie en dus in haar medewerkers om alle verstoringen het hoofd te bieden.

De organisatie-uitdaging

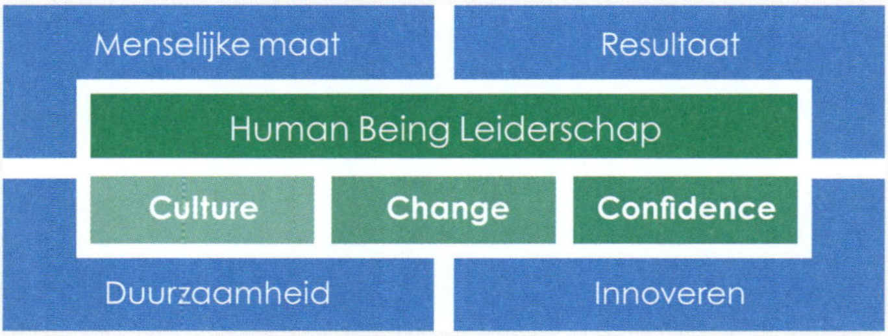

Afb. 7.1

Rondom staan de overstijgende organisatiedoelstellingen: Menselijke maat, Duurzaamheid, Resultaat en Innoveren centraal, als fundament bij elk van deze drie uitdagingen.

Van restrictiestructuur naar vertrouwenscultuur

De eerste hobbel die je moet durven nemen is deze: een Human Being Leider kan en mag er niet langer van uit gaan dat zij alleen resultaat kan behalen door scherpe grenzen te stellen, duidelijke overstijgende doelen te bepalen, veel regels voor te schrijven, hiërarchisch alles goed uit te lijnen, strakke deadlines te hanteren, vaak en veel de vinger op elk niveau aan de pols te houden en last but not least: angst te implementeren als stok achter de prestatie. Ik wil aantonen dat aansturen vanuit Human Being Leiderschap niet meer deze restrictiestructuur nodig heeft, maar een vertrouwenscultuur. Het loslaten van de restrictiecultuur door het implementeren van HBL leidt tot een meer succesvolle organisatie.

Een Human Being Leider weet, door eigen ontwikkeling op het gebied van bewustwording, dat zij managers en medewerkers die ook op zichzelf hebben durven reflecteren meer vrijheid, meer verantwoordelijkheid, meer bevoegdheid kan geven. Niet omdat zij slimmer, intelligenter, meer ervaren zijn, maar louter omdat ze weten waar hun werkelijke kwaliteiten liggen en welke beperkingen ze hebben. Welke grenzen door Ego worden bepaald en welke door zichzelf, waardoor de rem op hun eigen ontwikkeling wordt losgelaten en hun natuurlijk talent opbloeit.

Dit is geen theoretisch model. We zien dit al jaren in de ontwikkeling van bepaalde leiders die ondanks hun prestaties en kwaliteiten om tot leiderschap te komen, over hun ego zijn heengestapt en hun verdere ontwikkeling hebben aangepakt. Nu niet meer op skills, cross-border-problemen, mulicultural aspects of management, sustained succes, en meer externe problematiek, maar gewoon door de handschoenen met zichzelf op te pakken. Zonder grote woorden, maar kijkend naar "wie ben ik, en wat kan ik in mijzelf nog verbeteren". Als een leider oprecht zichzelf in ogenschouw neemt door telkens opnieuw de Circle of Change te doorlopen, dan komen de zeven kernwaarden in zicht (zie blz. 119), die er voor zorgen dat de Human Being Leider anders naar haar organisatie kan kijken.

Organisatieveranderingen

Over het veranderen van organisaties zijn bibliotheken volgeschreven, bestaan er veel speciale opleidingen changemanagement en op LinkedIn hebben zich niet minder dan 5.600 individuen verzameld in één groep onder de naam *changemanagement*. Er is echter niet één boek en niet één opleiding die spreekt over de onbewuste aansturing van individuen in een organisatie. Het idee dat een persoon gedreven wordt door zijn verborgen verleden is bepaald nog niet in de changemanagementgroep geaccepteerd. In mijn scriptie aan de VU (voor de geïnteresseerde lezer is deze als bijlage B bijgevoegd) heb ik deze gedrevenheid via onderzoek en literatuurstudie beschreven. Dit idee is nog niet voldoende wetenschappelijk onderbouwd om het te kunnen accepteren en dat is te begrijpen, maar zeer te betreuren. Het beïnvloedt namelijk direct het succes van je veranderstrategie en het succes van de verandering.

Hoe zit het in de groep van 5.600 changemanagers die ik eerder noemde? Welke methoden gebruiken zij in hun werkveld? Een globale manier om daar achter te komen is het bijhouden van hun like-gedrag. Welke artikelen, ideeën, werkwijzen en werkvormen worden er door deze groep geliked? Dit is vanuit het Centrum voor Belevingspsychologie gedurende een aantal maanden onderzocht en het resultaat was verrassend. De meeste likes (90%) gingen naar methoden en werkvormen van... meer dan 40 jaar oud! Klopt dit wel? Om dit te testen zal, zo luidt de hypothese, naar alle waarschijnlijkheid een artikel met een moderne gedachte, zoals onbewuste aansturing, veel minder likes krijgen.

Ik plaatste een artikel met een uitleg van de gedachte dat onbewuste aansturing het gedrag van mensen bepaalt. Met de stelling dat als je een changemanager bent en je organisaties wilt veranderen, je rekening moet houden met de dynamiek van datgene wat zich onder het zichtbare gedragsniveau afspeelt. Stilzwijgend ging ik er van uit dat dit artikel een minder dan gemiddeld aantal likes zou opleveren. Wat schetst echter mijn verbazing: er werd niet één like geplaatst. Wacht even... verandermanagers die organisaties moeten veranderen houden zich dus helemaal niet bezig met nieuwe ontwikkelingen? Het gaat te ver om dit simpele onderzoekje als leidend te bestempelen, maar het levert op zijn minst een betekenisvolle indicatie op. De Human Being Leider die zich bezig gaat houden met organisatieverandering zal zich naar het zich laat aanzien niet direct gesteund voelen door de meeste changemanagementbureau's die deze veranderingen gaan begeleiden.

Natuurlijk veranderen

Omdat de Human Being Leider, door haar persoonlijke ontwikkeling, weet heeft van de effecten van onbewuste aansturing zal deze dus alert moeten zijn op de effecten daarvan in haar organisatie. Want zij weet: niet alleen de Cultuur zal moeten veranderen, ook de Natuur zal serieus meer meegewogen moeten worden om een echte verandering te bewerkstelligen. En gelijktijdig ligt daar dus een moeilijkheid. Een verandering van zowel Cultuur als Natuur vereist meer dan alleen de zicht- en meetbare grootheden meewegen, maar ook wat de innerlijke patronen en drijfveren zijn van het individu in de organisatie.

Dit boek gaat over Human Being Leiderschap en niet over changemanagement. Ik zal hier dus niet heel erg de diepte ingaan en veranderprocessen uitvoerig beschrijven. Wel zal ik een aantal hoofdprocessen benoemen vanuit de bestaande literatuur, die we aanduiden als Cultuurverandering, en daaraan de Natuurverandering koppelen. Om daarmee het verschil en het effect aan de Human Being Leider te laten zien.

Onderstaand beeld is een plaatje dat als een rode draad door het boek *VeranderCanvas* van Ten Have Change Management heen loopt. Dit is

Het veranderkrachtmodel

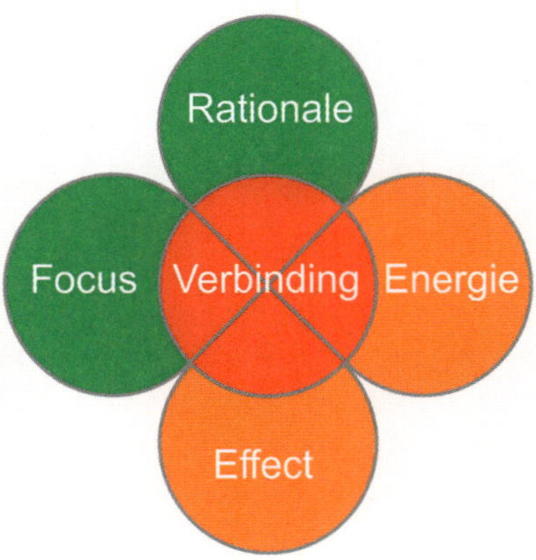

Afb. 7.2

één van de beste boeken die ik ken om weer te geven hoe en wanneer je veranderingen in je organisatie aanpakt.

Het Canvasmodel is wetenschappelijk stevig onderbouwd. Er wordt gesproken over hardcontrols en softcontrols. De hardcontrols gaan onder meer over het strakker sturen op prestatie-indicatoren, de softcontrols gaan over mensen en hun kwaliteiten in de organisatie, maar met name over het creëren van draagvlak. Het boek behandelt het hele proces van diagnose, ontwerp en implementatie, beschrijft werkvormen, geeft de vijf combinaties weer van voorgaande model als de uitkomst groen of rood is, en de betekenis daarvan in de organisatie. Feitelijk valt er niet veel tegenin te brengen vanuit de bestaande wetenschappelijke praktijk!

Maar er staat óók een leuke opmerking in van een verandermanager die zegt:

> *"Veranderen is niet moeilijk, maar die mensen..."*

En dat is precies waar dit boek over gaat. Die mensen... De verzuchting is duidelijk. Niets is zo moeilijk om het gedrag van mensen te bepalen als er druk op de ketel komt. Ineens zijn mensen niet meer rationeel en zijn ze niet meer in te schatten. Tenminste, als je naar hun gedrag kijkt. Maar als je onder de waterlijn kijkt, blijkt het gedrag toch weer wat meer voorspelbaar te worden en minder afhankelijk van toeval. Mensen reageren vanuit eerdere patronen die ze niet meer van zichzelf kennen. In de hoofdstukken hiervoor heb ik je mee willen nemen in de gedachte dat we ons gedrag onder druk juist laten bepalen door deze onbewuste patronen. En als je die niet meeweegt, als je die niet zichtbaar maakt, zal elk verandermanager blijven verzuchten "... maar die mensen..."

Veranderen onder leiding van een Human Being Leider

Een Human Being leider zet zich in om haar eigen gedrag beter te leren kennen. Dat is de basis voor Human Being Leiderschap, om daarna ook de medewerkers op het pad van zelfreflectie te zetten. Dus feitelijk zou, natuurlijk vanuit mijn optiek van onbewuste patronen, het model bij een Human Being benadering er als volgt uit komen te zien:

Het innerlijke veranderkrachtmodel

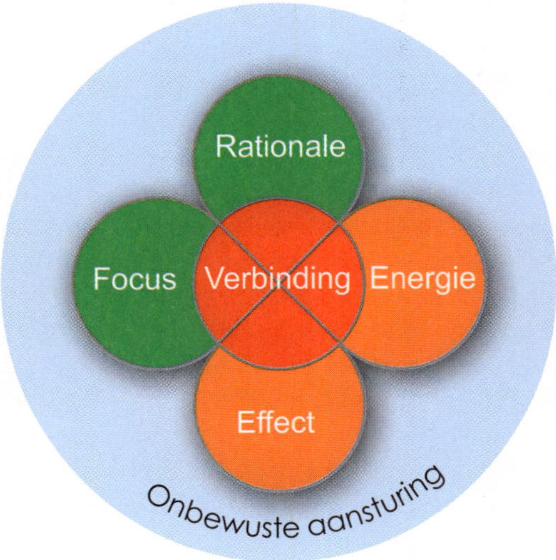

Afb. 7.3

Ik heb in de zeven kernwaarden op blz. 119 weergegeven hoe een Human Being Leider vanuit zichzelf leiding geeft aan de organisatie. Maar de organisatie (lees: de medewerkers) moeten daarin ook veranderen. Op het moment dat de Human Being Leider dit gaat bevorderen zullen de medewerkers ook een nieuwe ontwikkeling doormaken.

1. Ze worden zelfstandiger.
   Uit hoofdstuk 6 weten we dat medewerkers veel projecties hebben op hun manager of leider. Zelfreflectie laat ze zien dat dit een gecreëerd beeld is en geen werkelijkheid, omdat ze gaan inzien dat ze hun ouders op de respectievelijke manager en leider plakken. De manager hoeft dus minder tijd te besteden aan dit fictieve ouderschap, omdat er door de medewerkers minder een beroep op wordt gedaan. Daarnaast zal er minder energie besteed hoeven te worden aan het motiveren van zelfstandig opererende medewerkers.

2. Ze nemen meer verantwoordelijkheid.
   Omdat ze zijn gaan beseffen dat het niet nemen van verantwoordelijkheid een houding is van het kind van zes dat alles bij de

ouders laat en dus daar hun verantwoordelijkheid aan delegeren. Dit besef geeft inzicht in de essentie van verantwoordelijkheid waar deze, in plaats er voor weg te lopen, nu genomen wordt. En ik benadruk het toch maar weer: als medewerkers gaan voelen wat verantwoordelijkheid écht is, dan zullen ze veel zelfstandiger binnen de organisatie kunnen opereren.

3. Conflictvermindering.
   Mijn ervaring met teams is dat het ontdekken van elkaars patronen leidt tot het begrijpen van elkaars motieven en daardoor een andere zakelijke verbinding met elkaar ervaren. In de honderden teams die ik heb mogen begeleiden heb ik niet éénmaal meegemaakt dat het ontdekken van een patroon tot meer afstand heeft geleid. Het bij elkaar ontdekken van patronen maakt dat een stukje onhebbelijk gedrag ineens gelinkt kan worden aan een overtuiging van vroeger! Dit maakt dat het conflict dat er eerder in basis lag, nu vanuit een ander perspectief begrepen kan worden.

Veranderen van de organisatie is niet langer het veranderen van regels. Niet langer pure gedragsverandering of het introduceren van (nog meer) gedragsregels, maar het integreren van onbewuste sentimenten in de organisatie, waardoor medewerkers inzien wat verantwoordelijkheid nemen betekent voor hun organisatie. De leiding krijgt daardoor de mogelijkheid, en dit moeten we niet onderschatten, om de verantwoordelijkheid dieper in de organisatie neer te leggen.

Organisatieverstoringen

We bedoelen met organisatieverstoringen dat de medewerkers de organisatie zodanig ervaren dat ze een rem voelen om hun werkelijke kwaliteiten en mogelijkheden voor de organisatie aan te wenden. Er zijn vele vormen van organisatieverstoringen. Deze kunnen liggen op het gebied van competentiemanagement, op het gebied van kennisoverdracht, op het gebied van communicatie en zo meer, maar de meest voorkomende organisatieverstoring is die van angst.

Eén van de grootste uitdagingen voor een Human Being Leider is de angst in haar organisatie te gaan herkennen. Maar dat is niet eenvoudig, want angst is ook één van de meest gebruikte methoden in een organisatie als bron van motivatie. Leiders en managers van de oude school passen (bewust en onbewust) straffen en angst toe om gedrag te veranderen en om controle te houden op de uitvoering en het behalen van doelen [(7.1)]. En dat is logisch. In mijn historisch overzicht over leiderschapsontwikkeling in hoofdstuk 1 is het altijd gegaan over het creëren van een angstcultuur waardoor gedrag maximaal beïnvloed kon worden.

Angst is een veenbrand

Volg een dagje de media en je weet: angst creëren is nog steeds de beste methode om medewerkers en burgers in het gareel te houden. De andere kant van de medaille is echter dat je het minst profijt hebt van die medewerker (of burger) in bedrijf of samenleving. Landen met een onderdrukkend systeem zijn altijd minder succesvol in hun ontwikkeling en welvaart dan landen met veel persoonlijke vrijheid. Bij sommige landen wordt dit echter gemaskeerd door grote voorraden gewilde grondstoffen zoals olie, zeldzame metalen en dergelijke.

Het effect daarvan is duidelijk: In een angstcultuur geeft 80% van de

Note 7.1: *Uit: Inspiring democracy in the workplace: from Fear-Based to Freedom-based centered organisations. Traci L. Fenton.*

medewerkers aan dat ze een betere prestatie zouden leveren als ze minder angst en meer vrijheid zouden hebben.[7.2]

> All that is truly great and inspiring is created by the individual who can labor in freedom.
>
> *Albert Einstein*

En laten we wel zijn, leiders zeggen vaak: "Wat is er verkeerd aan een beetje angst, het laat mensen in beweging komen, het geeft ze een reden om dingen te doen!" Dat is gedeeltelijk waar, maar ze vergeten een belangrijk aspect van angst: angst is een langetermijnemotie gebruikt voor een kortetermijnresultaat. De angst blijft altijd langer, integreert dieper en heeft een bredere impact dan gewenst voor een bepaald project, een bepaalde inspanning, een bepaald resultaat. Het is de veenbrand die je aansteekt met het oogmerk van natuurbehoud, maar die gemakkelijk door één onverwachte windvlaag overslaat naar veengebieden die je juist niet wilde aansteken. Die windvlaag kunnen we als volgt beschrijven:

- Onwil van leiders om voldoende financiële informatie te delen over het bedrijf en zijn fiscale gezondheid om daarmee een goede besluitvorming mogelijk te maken.
- Gebrek aan kansen voor werknemers om in hun werk echte invloed en beslissingsbevoegdheid te hebben.
- Gebrek aan kansen voor werknemers om uitdagingen direct aan te pakken of verder te gaan met kansen.
- Gebrek aan emotionele veiligheid bij het uitproberen van nieuwe ideeën.
- Geen vrijheid om fouten te maken.

Note 7.2: *Fear as a strategy: effects and impact within the organization. Steven H. Appelbaum, Professor of Management, Concordia University, Montreal, Quebec, Canada.*

- Onduidelijkheid over hoe lang medewerkers hun baan behouden.
- Gevoelens van onzichtbaar, niet gewaardeerd en stemloos te zijn op het werk.
- Straffen in plaats van belonen.

Laten we een voorbeeld geven van waar dit boek je naartoe wil brengen, namelijk weg van angstcreatie naar een open houding op basis van vertrouwen. Onderstaand waar gebeurd verhaal is een goed voorbeeld, ondanks het feit dat dit niet alledaags is.

> *Een verzekeraar in Nederland stond er slecht voor, de verliezen liepen op, de omzet bleef achter bij de concurrentie. Na diepgaande analyse bleek dat een gemiddelde schadeafhandeling 4 tot 6 maanden duurde, over vele hiërarchische schijven moest gaan, en de klanten zeer ontevreden waren. Een aangestelde adviseur stelde voor om de afhandeling van de schade binnen… 2 uur te doen. Elke medewerker met klantcontact kreeg na een interne opleiding de bevoegdheid en de verantwoordelijkheid om zelfstandig te bepalen óf en zo ja welke hoogte van schadevergoeding hier van toepassing was en dit binnen 2 uur daadwerkelijk uit te betalen. Het werd één van de best renderende verzekeraars van Nederland.*

De basis die hier aan ten grondslag ligt is maar één woord: vertrouwen in de medewerkers. Ging er regelmatig iets mis? Ja! Werd dat verhaald op de klant? Nee. Kreeg de medewerker een uitbrander? Nee, hij of zij kreeg zelfs een compliment, want wat er mis ging was het beste leermoment dat nimmer in de theorie van de opleiding kon worden meegegeven. Kun je dit zomaar doen? Nee, er was een gedegen voorbereiding voor nodig om een database te bouwen van expertise. Die werd gebruikt door de schade-experts aan de telefoon en toch ging er regelmatig iets mis doordat een bedrag van de schade te hoog werd ingeschat. Financiële schade dus? Ja. Maar dat kwam niet in de buurt van de omzet- en winststijging door de uitstraling die deze verzekeraar op zijn klanten had verkregen.

Het lijkt eenvoudig nietwaar: vertrouwen in je medewerkers.
Leider: *"Natuurlijk heb ik vertrouwen in hem, hij krijgt de volledige verantwoordelijkheid."*

Vraagsteller: "Krijgt hij ook de daarbij behorende bevoegdheden?"
Leider: "Nee, maar de lijnen binnen onze organisatie zijn kort."

Tja... En dat is precies waar de schoen wringt. Het lijkt geweldig om de medewerker verantwoordelijkheid te geven. Maar het is een lege huls, want met verantwoordelijkheden zonder bevoegdheden loopt het niet goed af.

Tot slot van dit voorbeeld: het liep ook niet goed af met de verzekeraar. Deze werd op zijn hoogtepunt overgenomen door een andere verzekeraar en die vond vertrouwen geven aan medewerkers maar soft en riskant...

Vermijden van angst door consistentie

Human Being Leiderschap stelt zich tot taak om de angst in een organisatie zo klein mogelijk te houden. Want dat beïnvloedt de organisatie in vrijwel al haar vezels en haar succes. Vanuit psychologisch standpunt is *consistentie van beleid* één van de pijlers waarop een angstvrije organisatie gebaseerd dient te zijn. Dat zit zo. In de opvoeding hebben we te maken met belonen en straffen. Niets geeft meer psychologische stress dan *onverwacht* straffen. Een kind dat veel gestraft wordt, maar het zelden ziet aankomen wordt fundamenteel angstig omdat het niet kan inschatten wanneer de volgende straf zal komen. Straf op zich is niet per definitie angstopwekkend. Als je bij een bepaalde actie weet dat je daardoor gestraft zult worden, dan heeft dit psychologisch gezien veel minder impact dan wanneer je de straf niet ziet aankomen. Omdat straf je geheel onverwacht en niet voorspelbaar kan overkomen, word je uitermate alert. Je let altijd op om wat op je afkomt tóch te kunnen voorspellen. Het kind bouwt dus allerlei waarschuwingssystemen en afleidingsmanoeuvres op die het, zonder bewustwording, de rest van zijn leven in zijn gedrag zal beïnvloeden.

Menig leider denkt dat hij of zij dit niet doet en nooit zal doen, maar de cijfers zijn anders. In menig verandertraject wordt besloten dat er zoveel FTE uit moet. Maar er wordt niet bij gezegd in welke sector, welke afdeling, welk team. Menig vakbondsleider klopt zichzelf op de schouder dat hij in ieder geval van de directie de hoeveelheid ontslagen heeft weten los te krijgen. 'Verdere details volgen' is dan de boodschap. Hij beseft daarbij niet dat daardoor binnen het bedrijf de angst toeslaat, omdat nu *iedereen* ontslagen kan worden, hetgeen de gehele organisatie onder druk zet. En we weten na de vorige hoofdstukken hoe druk, onzekerheid en stress onze innerlijke patronen wakker roepen en we collectief met de hakken in het zand gaan.

Onder consistentie van beleid wordt ook verstaan het niet uitstellen van beslissingen die de situatie van werknemers kunnen verstoren. Consistentie betekent dat oorzaak en gevolg dicht bij elkaar moeten liggen. Een overtreding die begaan wordt en het bepalen van de consequenties dienen dicht bij elkaar te liggen. Psychologisch gezien leidt een uitgestelde strafmaat tot onevenredige toename van angst.

> *Verhaal van een cliënt: Mijn vader was internationaal vrachtwagenchauffeur. Mijn moeder strafte niet, maar zei dat ze het voorval aan vader zou melden als hij weer thuiskwam. Als hij na twee of drie weken thuiskwam was ik ronduit angstig. Ik wist dat mijn gedrag ter sprake zou komen. Menig keer kwam hij vrij snel na thuiskomst mijn kamer in gestormd om mij alsnog, drie weken na het voorval, een pak slaag te geven. Als ik op mijn werk iets dergelijks meemaak ga ik er vol in, om gelijk duidelijk te krijgen wat de gevolgen zijn. Ik ben daar onverzoenlijk in (man, 53 jaar).*

Waardecreatie door bewustwording

Angst en controle vervangen door vertrouwen en verantwoordelijkheid levert een waardecreatie op die de organisatie op weg helpt naar duurzaam succes. Daarom willen we zicht krijgen op al die patronen die vertrouwen en verantwoordelijkheid in de weg staan. Iedereen is daar onderdeel van. Vertrouwen in een organisatie kun je niet splitsen: de ene afdeling wel, de ander niet, omdat vertrouwen een algemeen geldende maat is binnen een organisatie. En dat begint bij de leider.

> *Phillip Smits, CEO van projectontwikkelaar Blauwhoed, werkzaam in de bouw- en vastgoedsector: "Ook onze aandeelhouders willen knetterharde resultaten. Wij denken dat we die kunnen behalen door een mensgerichte manier van leidinggeven. Wij geloven dat we op deze manier meer uit onszelf, de organisatie en onze mensen kunnen halen, en tevredener klanten kunnen*

krijgen. Als dat er niet uitkomt, dan komt het er zeker niet uit door harder en hiërarchischer te gaan werken en alleen te sturen op resultaten."

Algemeen Dagblad, 24 februari 2017

De reden dat dit logisch lijkende verhaal nog niet breed wordt toegepast is omdat bewustwording bij leiders, managers en medewerkers nog in de kinderschoenen staat. We zijn er nog niet aan toe, ondanks allerlei goede en onderbouwde initiatieven.

Business Leaders is een netwerk van 500 topondernemers en directeuren uit verschillende branches met een omzetverantwoordelijkheid tussen 5 miljoen en 5 miljard euro. Joël aan 't Goor, directeur van dit netwerk: "Bedrijven worden in toenemende mate geleid door directeuren die zingeving willen halen uit wat zij doen en hun medewerkers willen inspireren. Dat sluit aan bij een brede maatschappelijke trend. Mensen willen een waardevolle bijdrage leveren aan de organisatie en aan de maatschappij. Ze willen bewuster in het leven staan. Dat zie je dus ook bij directeuren."

Uit: Algemeen Dagblad van 24 februari 2017

De uitingsvormen van angst

Als je als leider van een organisatie op zoek gaat naar de angst in je organisatie, dan zul je die niet vinden. Angst is namelijk vermomd in zeer vele uitingsvormen. Een aantal van deze uitingsvormen is hiernaast gegeven.

Neem bijvoorbeeld de medewerker die een hoog controlegehalte heeft. Niet om het product of de dienst te verbeteren, maar om hem een vorm van veiligheid te bieden om daarmee zijn innerlijke angst te beteugelen. Hij controleert om grip te houden op de situatie. Ditzelfde geldt voor de autoritaire persoonlijkheid die door van zich af te bijten niet toestaat dat de ander ziet hoe angstig hij is.

Zo hebben we allemaal een defensiemechanisme ontwikkeld om onze angst niet direct aan de oppervlakte te laten komen. Ook de perfectionist heeft een onderliggende angst, namelijk die van niet voldoen aan de eisen die gesteld worden. Daarom legt hij de lat hoog. En dat is niet erg.

Angstwaaier

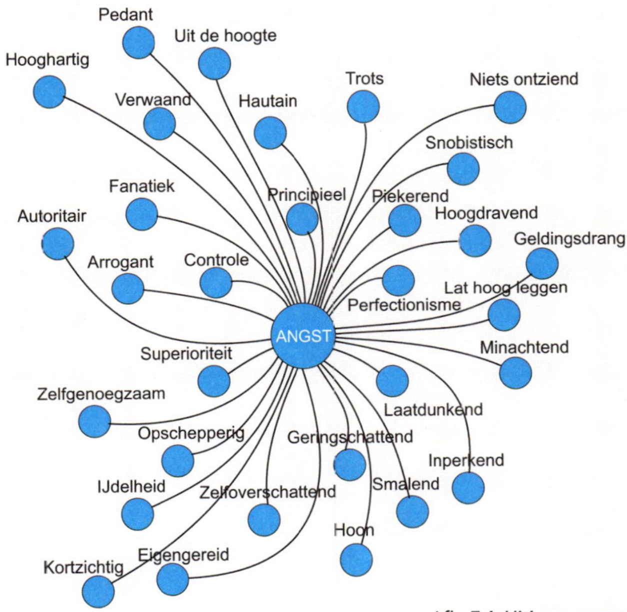

Afb. 7.4: Uitingsvormen van angst
Uit: Human Being Management, Eduard Baas

Maar in het onwaarschijnlijke geval dat die hoge lat inderdaad gehaald wordt gebeurt er iets onlogisch: niet de angst verdwijnt, maar de lat wordt hoger gelegd. Dit geeft twee dingen aan: A: dit is een onbewust proces, vandaar het onlogische ervan. B: angst om niet te voldoen hoort zodanig bij zijn patroon dat hij deze niet kan loslaten. De enige oplossing die overblijft is de lat hoger te leggen.

Een Human Being Leider streeft in haar organisatie naar transparantie en duidelijkheid, zodanig dat er een veilige psychologische werkomgeving ontstaat. Haalt dit alle angst uit de organisatie? Nee, individuen met hun persoonlijke onbewuste angst zullen deze, ondanks de geboden open weeksfeer, deels blijven ervaren. Tenzij ze, net als de leider, hun persoonlijk onbewuste door zelfreflectie gaan onderzoeken. Dan komen de angstdelen naar boven en komen ze in het proces van erkennen en herkennen.

De uitingsvormen van schuld

Naast de angst is er een ander fenomeen in onze psyche dat maakt dat we vanuit een defensiestrategie reageren: schuld. En dit is waar de Human Being Leider nog meer verschil kan maken. Want schuld geeft ook een reactie vanuit defensie en dus krijgen de optimale kwaliteiten van een medewerker geen kans als de schuld wordt aangeraakt. Daarbij komt: hoe hoger iemand hiërarchisch in de organisatie zit, hoe meer schuld een medewerker voelt. Immers, hier spelen de ouders weer een belangrijke rol door de wijze waarop zij de schuld als patroon hebben aangebracht. En elke persoon die hiërarchisch boven medewerkers staat, raakt sneller weer die oude patronen aan, omdat hij of zij gezien wordt als de ouders. Ook hier zijn weer veel vermommingen waar te nemen. Onderstaande waaier laat veelvoorkomende uitingsvormen zien van personen die innerlijk met schuldgevoelens rondlopen.

Schuldwaaier

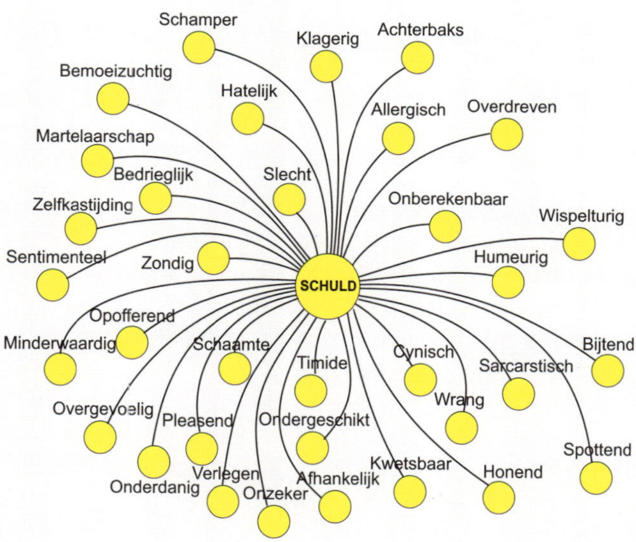

Afb. 7.5: Uitingsvormen van schuld
Uit: Human Being Management, Eduard Baas

Hier laat ik zien dat medewerkers schuld met zich meedragen als ze de hier afgebeelde gedragsuitingen laten zien. Het is een kwestie van er niet mogen zijn, totdat de schuld is ingelost. En dat zal niet gebeuren. Zoals bij het voorbeeld van de perfectionist, die zijn hoog gelegde lat bereikt, maar in plaats van de angst in te lossen, de lat hoger legt. Zo zal ook de schuld zonder zelfreflectie nimmer ingelost kunnen worden, omdat dit een onbewust patroon is. Juist daarom doet een leider er goed aan daar rekening mee houden.

En ook daarom is het zo belangrijk om als leider je onbewuste patronen te onderzoeken om twee zaken boven tafel te krijgen: ten eerste je eigen schuldgevoelens leren kennen die je onbewust projecteert op je medewerkers. En ten tweede: de vermommingen die medewerkers met schuld hanteren en de effecten die aanraken van die schuld op de medewerker heeft. Wordt dit schulddeel door de leider aangeraakt, dan zal zeker de productiviteit, de effectiviteit en de creativiteit van de medewerker voor korte of langere tijd worden aangetast.

De vermomming van schuld die je eenvoudig kunt doorzien is die van schaamte en timide ondergeschiktheid. Je ziet aan zijn gedrag dat de medewerker niet zijn volle potentie leeft, zijn volle talent kan laten zien omdat hij constant twijfelt of hij zich niet schuldig maakt aan overschatting van zichzelf. Een ander gedragskenmerk, minder eenvoudig herkenbaar als schuld, is cynisme en sarcasme. Vanuit eigen schuld geen vertrouwen hebben dat anderen het goede met je voor hebben.

Vier vormen van organisatiecultuur

Elke leider wil van toegevoegde waarde zijn voor de organisatie. Sommige leiders, als we kijken naar moderne organisaties, zijn meer van toegevoegde waarde dan anderen. Als daar gericht naar wordt gekeken, dan komt dat verschil niet omdat hun kwaliteiten, kennis en vaardigheden fundamenteel anders zijn dan van hun collega's. Zij maken het verschil omdat succesvolle leiders hun organisatie vanuit een breed cultuurniveau begrijpen. Ze kennen hun organisatie vanuit een bepaalde overstijgende cultuur en daar sturen ze op, óf ze begrijpen welke organisatiecultuur ze willen ontwikkelen en handelen daarnaar.

Vanuit de literatuur zijn er vier vormen van organisatiecultuur beschreven[7.3]:

- de rolcultuur
- de persoonscultuur
- de taakcultuur
- de machtscultuur

Samenwerkingsgraad	***Machtsspreiding*** Laag	Hoog
Laag	**Rolcultuur**	**Persooncultuur**
Hoog	**Machtscultuur**	**Taakcultuur**

Afb. 7.6

Note 7.3: *Charles Handy schrijft over organisatiegedrag en cultuur. Hij bracht in 1976 zijn eerste boek uit: Understanding organizations.*

Ik ga deze vier culturen beschrijven vanuit het besef dat (met de inzichten van de onbewuste aansturing) deze cultuurbeschrijvingen slechts het topje van de ijsberg zijn. Want de *onderliggende aansturing* van het gedrag wordt in die beschrijvingen niet meegenomen. Ik zal eerst beschrijven wat je in de organisatie in de praktijk waarneemt, welk gedrag je ziet in de organisatie, om daarna het effect van de onderliggende aansturing op deze culturen te begrijpen.

Rolcultuur

De organisatie is gebaseerd op regels en procedures. Functies geven de toon aan, niet de mensen die de functies uitoefenen. Ratio, logica, spelregels en argumenten staan voorop. Er is een keurslijf van omslachtige regels. Interne gerichtheid. Formele organisatie, veel procedures. Het informele persoonlijke is sterk gescheiden van het formele hiërarchische. Streven naar orde en stabiliteit. Voorspelbaar gedrag. Mensen beperken zich strikt tot de taken die bij hun rol horen. Correct gedrag is vaak belangrijker dan effectief gedrag. (Realisme) [(7.4)]

Persoonscultuur

Prioriteit wordt gegeven aan het individu. Zelfmotivatie en eigen verantwoordelijkheid zijn belangrijke kenmerken. Persoonlijke interesse staat voorop. De buitenwereld is alleen belangrijk als verschaffer van interessant werk. Sterk gericht op individuele ontwikkeling. Teams fungeren als verzameling van individuen; ze zijn los zand. Er is weinig controle. Primaire gerichtheid op behoefte van de personen in de organisatie. Besluitvorming op basis van consensus. (Gevoel)

Taakcultuur

Samenwerking en gerichtheid op de toekomst en een hoger doel staan voorop. Soms roofbouw op mensen. Licht chaotisch. De klus klaren, al dan niet in een veranderende omgeving. Hoge mate van flexibiliteit. Het doel heiligt de middelen. Management werkt aan condities. Veel decentrale bevoegdheden. Persoonlijke behoeften worden soms onderdrukt ten faveure van het hogere doel. Regels die het bereiken van het doel blokkeren worden veranderd of opzij gezet. (Ratio)

Note 7.4: *Zie voor een nadere omschrijving van Realisme, Gevoel, Ratio en Intuïtie de laatste paragraaf van hoofdstuk 6.*

Machtscultuur

De leider beloont en straft nadrukkelijk. Neemt alle beslissingen, groot en klein. Grotere afstand tussen leider en medewerkers. Intern geldt de wet van de jungle. Ieder streeft naar persoonlijk succes, desnoods ten koste van anderen. Vechten om intern hogerop te komen. Sterk hiërarchisch gericht. Extern: de organisatie richt zich op het domineren van de omgeving. Assertieve houding naar buiten toe. Zelf wil zij zich liefst onttrekken aan regels en wetten. (Intuïtie)

Deze vier cultuurtypen zijn niet nieuw en ze zijn breed en uitvoerig gepubliceerd. Maar zoals de vorige hoofdstukken al hebben aangegeven: er is meer dan de Cultuur van de organisatie. Laten we eens kijken welke effecten de Natuur heeft op de vier geschetste culturen, zowel in positieve als in negatieve zin. Het is belangrijk dat de Human Being Leider daar ook zicht op heeft, opdat zij de organisatie zowel boven de waterlijn als onder de waterlijn goed kent.

De Cultuur en Natuur van de rolcultuur (Realisme)

In de rolcultuur passen mensen die binnen een veelheid van regels uitstekend kunnen presteren en opereren. Ze hechten waarde aan de functie en passen zich op de vele procedures aan.

Op het moment dat de druk toeneemt zullen de onbewuste patronen, die eerst zorgden voor de juiste aanpassing aan de rolcultuur, competenties laten vervormen zoals beschreven op blz. 74. We breiden deze vervormingen hier uit om een evenwichtig beeld te schetsen van de wijze waarop medewerkers veranderen in hun zichtbaar gedrag. We krijgen dan andere competenties te zien bij een deel van de medewerkers, namelijk bij die medewerkers die zich in de rolcultuur hebben aangepast. De volgende tabel geeft de veranderingen aan die onder druk ontstaan.

De competenties onder de aanduiding *Van* zijn de positieve competenties, de aanduiding *Naar* laat de competenties zien die zichtbaar worden onder druk.

Vervormingen in een rolcultuur wanneer er druk en stress ontstaan

Van	*Naar*
Verbinding zoeken	*Splitsing creëren*
Zakelijk gericht	*Materialistisch*
Vasthoudend	*Dogmatisch*
Verandergezind	*Veranderafkeer*
Planmatig	*Principieel*
Probleemanalytisch	*Detaillistisch*
Vanuit vrijheid werken	*Vanuit angst werken*
Doelgericht	*Kortzichtig*
Gedisciplineerd	*Dwangmatig*

Tabel 7.7

Laten we nu een situatie neerzetten in de organisatie om de veranderingen te schetsen. Waar medewerkers in teams eerst met elkaar goed konden samenwerken, ontstaan er nu haarscheurtjes in de samenwerking. De verschillen worden aangescherpt, de teamverbinding verandert in het aanbrengen van splitsing. Er ontstaan conflicten; eerst kleine, en later vanwege het splitsende steeds grotere. Waar men eerst vanuit aanpassing zonder druk meeging in de plannen, blijkt ineens dat er hakken in het zand gaan vanuit een overtuiging dat het óf niet nodig is, óf anders moet. En de eerst zo vanzelfsprekende vrijheid van werken wordt nu ineens ondermijnd door de angst die opduikt door stress en druk. Het is een forse gedragswijziging die we in elke cultuur waarnemen, waarin de uitwerking van die gedragswijziging afhankelijk is van de soort cultuur, in dit geval dus in de rolcultuur.

De Cultuur en Natuur van de persoonscultuur (Gevoel)

Het individu staat hier centraal. Medewerkers zijn betrokken en gewetensvol. Ook hier komen specifieke gedragskenmerken bovendrijven als er in het team of de organisatie druk ontstaat.

Vervormingen in een persooncultuur wanneer er druk en stress ontstaan

Van	*Naar*
Kracht	*Macht*
Besluitvaardig	*Onbezonnen*
Oordeelvaardig	*Manipulatief*
Hechting	*Vermijden van hechting*
Betrokken	*Prikkelbaar*
Gewetensvol	*Normatief*
Niet schuldig	*Schuldgevoelens*
Meelevend	*Bemoeizuchtig*
Inlevend	*Overgevoelig*

Tabel 7.8

De medewerker die zich heeft aangepast aan de taakcultuur zal onder druk niet langer vanuit eigen kracht opereren, maar zal dit doen via het machtsspel. Besluiten neigen meer naar onbezonnenheid en het oordeel wordt vervormd tot manipulatie. De leider die deze vervorming niet onderkent zal niet begrijpen wat er werkelijk gebeurt. Waar eerst iedereen een zekere veilige hechting voelde is het nu ieder voor zich geworden. Men is prikkelbaar en redeneert normatief, wat met zich meebrengt dat er snel beschuldigingen zullen vallen, omdat schuldgevoelens nu aan de oppervlakte komen. Medewerkers gaan zich met alles en iedereen bemoeien en reageren zelf vaak overgevoelig.

De Cultuur en Natuur van de taakcultuur (Ratio)

In de taakcultuur staan toekomstgerichtheid en de doelstelling centraal. Het doel heiligt de middelen en personen worden daarvoor aan de kant geschoven. Hoe anders wordt dit als er stress en druk in de organisatie komen door beleidsbeslissingen, reorganisaties of welke vorm van druk dan ook.

Vervormingen in een taakcultuur wanneer er druk en stress ontstaan

Van	*Naar*
In contact zijn	*Uit contact terugtrekkend*
Klantgericht	*Kritiekloos*
Contactvaardig	*Oppervlakkig*
De ander zien	*De ander vermijden*
Flexibel	*Berustend*
Harmonieus	*Pleasend*
Groepsmens	*Buitenstaander*
Samenwerkingsgericht	*Recalcitrant*
Innovatief	*Onberekenbaar*

Tabel 7.9

Hier zien we de medewerker die een gelaten indruk maakt. Die trekt zich terug, wordt oppervlakkig en aanvaardt stoïcijns en berustend zijn lot. Voelt zich buitenstaander, wil anderen pleasen om nog enigszins een groepsgevoel te krijgen en een persoonlijke waarde, maar zal meer en meer een buitenstaander worden, soms recalcitrant en onberekenbaar.

De Cultuur en Natuur van de machtscultuur (Intuïtie)

Vervormingen in een persooncultuur wanneer er druk en stress ontstaan

Van	Naar
Kracht	*Macht*
Besluitvaardig	*Onbezonnen*
Oordeelvaardig	*Manipulatief*
Hechting	*Vermijden van hechting*
Betrokken	*Prikkelbaar*
Gewetensvol	*Normatief*
Niet schuldig	*Schuldgevoelens*
Meelevend	*Bemoeizuchtig*
Inlevend	*Overgevoelig*

Tabel 7.10

Waar zonder druk en stress de medewerker zichzelf laat zien in zijn werk, gaat hij zich onder druk meer verschuilen achter drogredeneringen. Hij verzint uitvluchten en overschat zichzelf door niet langer in de realiteit te zijn. Hij kan nu ook iets narrigs krijgen, dat zich uit in een bevelende manier van praten. Hij wordt ongeremd wanneer hij zich laat zien en voelt zich klein en gekwetst, maar compenseert dit door harder en onbeheerster te worden. Daardoor wordt hij meer autoritair, wat je helemaal niet van zo iemand zou verwachten onder normale situaties. Hij gaat zichzelf overschatten en wordt dwingender. Merk op dat dit nogal een lijst met veranderingen is, die iedereen opmerkt en zich daarbij verbaasd afvraagt hoe dit kan. Merk daarnaast op dat in de hedendaagse autoritaire stijl van de leider je ook ziet gebeuren dat het van kwaad tot erger gaat.

Een woord achteraf

In dit boek heb ik je mee willen nemen in een andere manier van kijken naar leiderschap. Het schrijven ervan was voor mij een enerverende ervaring, waarbij ik veel baat heb gehad bij het meelezen van Martijn van Merrienboer en Karel van Helsen. Beiden zeg ik daarvoor hartelijk dank.

Alle gedrag heeft, en dat is de kern van dit boek, te maken met onze onbewuste aansturing van dat gedrag. Human Being Leiderschap is een moderne leiderschapsfilosofie die de onbewuste patronen van de leider bewust probeert te maken, waardoor dit leiderschap aan diepgang, impact en duurzaamheid wint. Leiderschap dat breekt met de traditie dat je door even een cursus te volgen, tussendoor wat kennis op te doen, nog wat ervaring aan te vullen, je kunt komen waar je wilt.

Hier gaat het om de wijze waarop de leider écht wil worden en deze echtheid op elk moment onder elke omstandigheid aan de buitenwereld zal tonen. Niet omdat zij het lef daar voor heeft, maar omdat het is wie zij is geworden. We zien het oude leiderschap afbrokkelen, omdat we onderkennen dat medewerkers geheel andere motivaties hebben dan aanzien en geld verdienen. De meeste mensen, zeker in de westerse wereld, hebben een diepgaand verlangen om een gezond, duurzaam en gelukkig leven te leiden, boven carrière, status, macht en geld. Dat betekent niet dat mensen daar niet naar streven, maar op het verlanglijstje staan eerder het zin geven aan het bestaan; het creëren van een omgeving die levenslust schenkt en energie oplevert in plaats van afneemt.

De macht van de autoriteit wordt langzaamaan vervangen door de kracht van de zelfbewuste medewerker, die louter op basis van eerder genoemde verlangens op zoek is naar zingeving in het werk. Een inspirerende leider, en dat is volgens mij een leider die écht is, vormt de vonk voor de beginnende werknemer die op zoek is naar zingeving. Op die vonk kan de Human Being Leider haar verdere carrière bouwen en een persoonlijk leider worden. Als jij een dergelijke leider wilt zijn, een leider die de vonk in anderen ontsteekt, dan nodig ik je uit om met het hiervoor beschrevene de handschoenen op te pakken.

LANDEN.18.42.MU

Bijlagen
A t/m H

Bijlage A - Het onbewuste 174
Het collectief onbewuste 175
Het persoonlijk onbewuste 176

Bijlage B - Scriptie VU: Onbewuste processen in organisaties 178

Bijlage C - Meten van aangepast gedrag 214
Meyers Briggs Type Indicator (MBTI) 214
Analytical Competence Tool (ACT) 214

Bijlage D - De Transactionele Analyse van Eric Berne . . 216
De Ouder 216
Het Kind 218
De Volwassene 219

Bijlage E - Zenger – Folkman: 16 Leadership competences 222

Bijlage F - Begrippenlijst 225

Bijlage G - Namenlijst 231

Bijlage H - Bibliografie 236

Bijlage A
Het onbewuste

De weg naar zelfbewust leiderschap leidt langs schaduwwerk en het herkennen van de eigen projecties naar de buitenwereld. Wie deze weg volgt met beleving in plaats van de ratio als gids, leert zijn eigen innerlijke drijfveren herkennen. Dan worden deze drijfveren verinnerlijkt, en zullen zij hun lading in de buitenwereld verliezen. En zo zal het onbewuste een stukje meer geïntegreerd zijn in ons bewuste deel. Maar ja, dat onbewuste. Dat is de grootste hindernis om te nemen.

Elke keer als ik een lezing geef, krijg ik over dat onbewuste de meeste vragen. Meestal kritisch, en met de niet te missen ondertoon: ik geloof het pas bij een rationeel bewijs. En hier scheiden dan soms de wegen. Er valt namelijk met onze ratio niet direct te bewijzen dat er een onbewust deel in ons aanwezig is. En dus heerst daarover verdeeldheid. Eenzelfde verdeeldheid die er in de ontwikkeling van de wetenschappelijke kaders zo vaak al is geweest. Alle klassieke thema's uit de oudheid kan ik hier als voorbeeld geven: de aarde is het middelpunt van het heelal, de sterren bewegen in vaste banen, ether zorgt voor geleiding van licht, de stok die je in water ziet is gebroken, enzovoort. Zulke beweringen, die voor ons nu duidelijk onjuist zijn, hebben veel strijd en energie gekost. Zo ook het onbewuste. Telkens wordt weer een tipje van de sluier opgelicht, zoals bijvoorbeeld te lezen is in het boek *Het Slimme Onbewuste* van Ab Dijksterhuis.

Sigmund Freud was de eerste die het bestaan van een onbewuste vermoedde. En wel in de vorm van verdrongen beelden die zich niet meer in het bewustzijn bevonden, maar nog wel hun werking lieten gelden. Carl G. Jung breidde dit uit naar een collectief onbewuste en een persoonlijk onbewuste. Als ik in dit boek het onbewuste of onbewuste drijfveren aan de orde stel, dan heeft dat betrekking op het persoonlijk onbewuste. Daarover straks meer, maar eerst geef ik hier een korte en zeker geen volledige uiteenzetting van het collectief onbewuste.

Het collectief onbewuste

In eerste instantie was het begrip van het onbewuste beperkt tot de beschrijving van de toestand van verdrongen inhouden. Voor alle duidelijkheid: er is een groot verschil tussen onderdrukte en verdrongen inhouden. Onderdrukte inhouden blijven in het cognitieve geheugen aanwezig. We willen het niet weten, maar toch weten we het, diep van binnen. Verdringing wil zeggen dat het niet meer in de bewustzijnslaag aanwezig is. Het is compleet verdwenen, en zelfs met de beste wil van de wereld niet meer met louter denkkracht terug te vinden. Verdrongen inhouden behoren tot het domein van het persoonlijk onbewuste. Daaronder ligt echter een onbewuste laag die voor alle mensen gelijkwaardig is: het collectief onbewuste. Dit collectief onbewuste uit zich in archetypen.

Er zijn vele archetypen, zoals de held, de heks, de oermoeder, de zon, en de clown. Hier zijn nog moeiteloos tal van voorbeelden aan toe te voegen. Archetypen komen veel voor in mythen, sagen en sprookjes. Volgens Carl Jung vinden zij hun oorsprong in de menselijke ziel.

> *De mens bezit een zo indrukwekkende subjectiviteit, dat men reeds lang had moeten vermoeden dat mythen betrekking hebben op de ziel. Juist onbewustheid met dit proces is er de oorzaak van dat men ter verklaring van de mythe aan alles heeft gedacht, behalve aan de ziel. Men heeft simpelweg niet geweten dat de ziel alle beelden bevat waaruit mythen zijn ontstaan.*
>
> ***Jung, archetype en onbewuste blz. 82, deel 2***

Nu is Carl Jung al weer van wat oudere datum, maar een moderne variant van het collectief onbewuste zien we bij de Engelse celbioloog Rupert Sheldrake. Sheldrake geeft bijzondere, wetenschappelijk onderbouwde voorbeelden van het collectief onbewuste. Hij noemt het echter niet zo, hij heeft het over morphogenetische velden. Zijn theorie over morphogenetische velden kunnen we beschouwen als een collectief 'weten'.

Hij beschrijft een aantal voorbeelden uit de dierenwereld, onder meer over de manier waarop een duif zijn nest terugvindt. Hier noem ik zijn voorbeeld van de bouw van een termietenheuvel. Zo'n heuvel is een complex geheel met allerlei gangen. Als je de termietenheuvel door een rechtop staande ondoorzichtige plaat in tweeën splitst nog voordat de bouw ervan begint, dan nog zullen alle gangen perfect op elkaar aansluiten. Met dergelijke experimenten toont Sheldrake aan dat er ergens onbewuste blauwdrukken aanwezig zijn die ons handelen bepalen, maar waar we (nog) geen weet van hebben.

Zelf zegt hij daarover:

> *It is all but impossible to conceive how one colony member can oversee more than a minute fraction of the work or envision in its entirety the plan of such a finished product. Some of the nests require many worker lifetimes to complete, and each new addition must somehow be brought into a proper relationship with the previous parts. The existence of such nests leads inevitably to the conclusion that the workers interact in a very orderly and predictable manner. But how can de workers communicate so effectively over such long periods of time? Also, who has the blueprint of the nest?*
>
> ***Uit: Seven experiments that could change the world van Rupert Sheldrake***

Het persoonlijk onbewuste

Het persoonlijk onbewuste betreft inhouden van wat je persoonlijk hebt meegemaakt, je persoonlijke levensgeschiedenis. Bijvoorbeeld: vergeten levenssituaties, verdrongen herinneringen. Het is als het ware een groot persoonlijk archief dat in het onbewuste is opgeslagen, en dat ten dele weer bewust kan worden door onze aandacht te richten op de uiterlijke kenmerken van dit persoonlijk onbewuste. Alles uit het persoonlijk onbewuste wordt namelijk geprojecteerd op de buitenwereld.

Door het herkennen en erkennen van deze projecties kunnen we zicht krijgen op het persoonlijk onbewuste dat deze projecties van voeding voorziet. Bewustwording daarvan maakt dat we de projectie kunnen terugnemen, waardoor deze niet meer aanwezig zal zijn. Het onbewuste deel van waaruit de projectie ontstond is bewust geworden. Daarmee houdt de projectie op te bestaan.

Bijlage A Het onbewuste

Bijlage B
Scripte VU

Onbewuste processen in organisaties

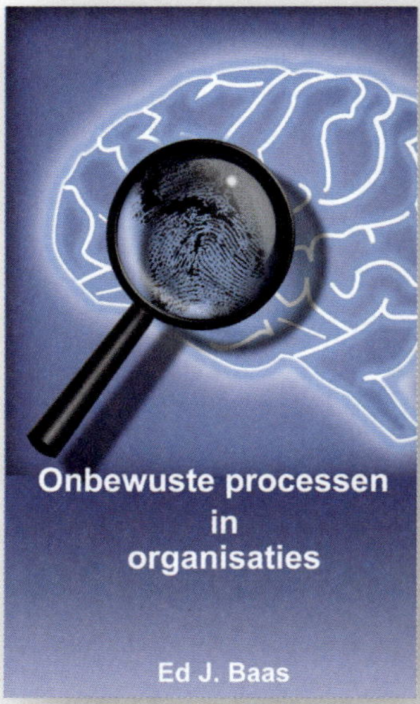

Colofon
Uitgegeven door: Eduard Baas
Opmaak en druk: Jelle - Ontwerp, Foto & Druk, Schagen
Met dank aan: TheCultureNatureCompany

1e druk, 2009 Eduard Baas
2e druk, 2021 Eduard Baas

Alles uit deze uitgave mag worden gekopieerd zoveel als je wilt. Maar het is attent om de naam van de auteur – Eduard Baas – dan ook even te vermelden.

Opmaat

Dit boekje heb ik geschreven vanuit mijn fascinatie voor het onbewuste in mens en organisatie en in het kader van de postdoctorale opleiding verandermanagement aan de vrije Universiteit van Amsterdam.

Het is uiterst plezierig om samen met mijn begeleider, Steven ten Have, dit onderwerp aan te raken en te bestuderen, dat zich niet eenvoudig in wetenschappelijke onderbouwing en taal laat verwoorden. Het boekje is voor mij een aanzet tot het realiseren van een groter doel, namelijk het kunnen begrijpen en wellicht in een model te kunnen vervatten van onbewuste processen.

Dit is een niet eenvoudige opgave: het aantal publicaties over het onbewuste is beperkt, de reikwijdte enorm, de weerstand aanzienlijk en het uiteindelijk resultaat uiterst mistig en onzeker. Desalniettemin heb ik mij deze taak gesteld die het best kan worden samengevat als het laten ervaren van de kleur rood aan iemand die geen kleur kan onderscheiden.

Ik werp mij met verve op deze taak, gesteund door TheCultureNature-Company, haar stimulerende omgeving en collega's. Opdat het onderwerp de lezer in verwarring mag brengen, want alleen oprechte verwarring opent de weg naar meer bewustzijn om het onzienbare zichtbaar te maken.

Eduard Baas, Delft.

Inhoudsopgave

Voorwoord 182
Inleiding 184
Vraagstelling 186
De huidige cultuurdefinities 187
Het individu 189
Het individu 189
Het individu en zijn onbewuste 190
Het individu in de organisatie 192
Cultuur en Natuur als afzonderlijke grootheden 195
Definities van Cultuur en Natuur *196*
De Cultuur nader bekeken 196
Cultuur: Gedrag *196*
Cultuur: Aangepast gedrag *197*
De Natuur nader bekeken 199
Het ontstaan van de Natuur in een organisatie *199*
Bewustzijn 200
Collectieve Projectie 201
Bespreking 203
Cultuurdelen: Gedrag en aangepast gedrag 203
Natuurdelen: Bewustzijn en collectieve projectie 204
Aangepast gedrag 204
Collectieve projectie 205
Implicaties voor de veranderkundige praktijk 206
Bespreking 206
Bewustwording binnen het veranderproces 207
Hoe nu verder 207

Meten en herkennen van aangepast gedrag 208
Verificatiemethodiek 208
Conclusie 210
Literatuurverwijzing 211

Voorwoord

In de wereld van verandermanagement lijkt er langzaam maar zeker een ontwikkeling zichtbaar die het onderwerp – Veranderen - uit de fase van vrije theorievorming 'helpt'. Deze fase wordt gekenmerkt door een veelheid aan uiteenlopende, vaak conflicterende inzichten. Speculatieve ideeën, uitgesproken visies, een zeker gebrek aan gevoel voor context en het situationele zijn ook kenmerkend. Hetzelfde geldt voor een hoge mate van tolerantie voor goeroe's en een gebrek aan empirische onderbouwing en evidence based werken. Zelfs als de fase van vrije theorievorming wordt verlaten, blijft ruimte voor verfrissende, creatieve inzichten belangrijk; om een vakgebied vitaal te houden en te blijven zoeken naar contra-indicaties en vernieuwing.

Dit boek met aandacht voor het onderwerp cultuur en vrij baan voor het perspectief van de natuur van organisaties, bevat een aantal inzichten die een dergelijke rol kan spelen. Natuur wordt beschreven als het onbewuste van de organisatie, waar cultuur in dit boek verwijst naar het bewuste of zelfs tastbare. In de geschetste visie is cultuur snel veranderbaar door kennis en bewustwording. Wat hier dreigt is een semantische en conceptuele discussie over begrippen als cultuur, klimaat, collectief geheugen, gedeelde kennis, basisassumpties en natuur. Dat is een discussie die we niet uit de weg moeten gaan, één die zelfs gevoerd moet worden. Maar het is ook een discussie die, indien te vroeg en te heftig ingezet, een concept – Natuur – dat de deur kan openen naar moeilijker te betreden, maar daarmee niet minder relevante organisatiesferen of –dimensies, in de kiem kan smoren.

Daarbij kan het niet de bedoeling zijn om Natuur de rol over te laten nemen van (organisatie)cultuur in de slechtste of meest schrale verschijningsvorm: vuilnisvat van alles wat we in en rond organisaties niet kunnen verklaren. Natuur kan een begrip zijn dat niet direct zichtbaar en beïnvloedbaar gedrag en de daaraan ten grondslag liggende dynamiek helpt te 'bevatten'. Dat alleen al is een reden om de inzichten en uiteenzetting van Eduard Baas te willen leren kennen. Dat leren kennen kan net als bij wijn op zeker twee manieren: als wijnliefhebber of als vinoloog. De eerste kijkt wat er wel in de wijn zit, de tweede wat er niet in de wijn zit. Welke manier hier de gewenste of meest vruchtbare is, weet ik niet precies. Wel dat de inhoud de moeite waard is. Waarbij een idee wellicht is om eerst als liefhebber kennis te maken met het concept om het daarna met de professionele pretentie van de vinoloog nader te beschouwen. Zo kan een bijdrage geleverd worden aan de verdere ontwikkeling van product, producent en voor alles het vakgebied van de veranderkunde.

Prof. dr. Steven ten Have

Steven ten Have is als hoogleraar Strategie & Verandering verbonden aan de postdoctorale opleiding Verandermanagement aan de Vrije Universiteit te Amsterdam.

Inleiding

> To exist is to change, to change is to mature, to mature is to create oneself endlessly
>
> *Henri Bergson, filosoof*

Ik heb een fascinatie voor individuen en hun drijfveren vanuit het onbewuste. Daarnaast heb ik een fascinatie voor organisaties, hoe deze functioneren, vitaliseren en evolueren in hun aanpassing naar de steeds veranderende buitenwereld. Daarbij zie ik dat de minder succesvolle organisaties ogenschijnlijk niets fout doen. Processen, taken, verantwoordelijkheden zijn keurig benoemd, goed geadministreerd, degelijk in processen vervat en toch blijft het beneden het niveau van hun competitie in de markt.

Waarom wordt het voetbalteam met de beste 11 spelers van de wereld geen wereldkampioen? Wat maakt dat bedrijven wel of niet succesvol zijn, als ogenschijnlijk hun waarneembare diensten en/of producten vergelijkbaar zijn? Wat maakt dat Ben Verwaaien (ex CEO Britisch Telecom) BT kan revitaliseren en succesvol maken. Had een willekeurige andere CEO dat ook voor elkaar gekregen? Of heeft hij, onbewust, het 'eigene' dat in de organisatie als onbewust deel aanwezig is, aangesproken en gerevitaliseerd? Wat maakt dat sommige organisaties onevenredig veel individuen hebben met grote rugzakken(B1)?

Het onderwerp van deze Thesis heeft sterk met bovenstaande vragen te maken, uiteraard in combinatie met mijn fascinaties. De hypothese die ik hier wil postuleren is dat bij de gegeven definities van cultuur een onderscheid kan worden gemaakt tussen het Cultuurdeel en een Natuurdeel binnen een organisatie. Daarbij ga ik uit van, zoals in toenemende

Note B1: Rugzak = het negatieve verleden wat bij komende veranderingen telkens weer wordt gebruikt.

mate wordt onderschreven door publicaties, maar begonnen bij Freud (1856 - 1939), dat het individu niet alleen wordt gedreven door bewuste, rationele en/of cognitieve processen en drijfveren, maar ook door onbewuste processen en drijfveren.

Mijn hypothese stelt dat een individu, gedreven door gedeeltelijk onbewuste drijfveren in zijn/haar persoonlijk leven, óók een deels onbewuste bijdrage levert aan de organisatie waar het individu op dat moment deel van uitmaakt. Deze levert dus niet alleen een zichtbare en verifieerbare bijdrage, maar zeker ook een onbewuste, minder direct definieerbare bijdrage. Daarbij zal ik zowel de Cultuur als de Natuur onderverdelen in een positief en een negatief deel. Daarbij stel ik binnen de gegeven hypothese ook dat een organisatie een eigen, nieuwe en specifiek bij die organisatie behorende collectieve Natuur heeft, die niet louter een optelsom is van individuele Naturen, maar een eigen dynamiek en uitingsvorm heeft.

Vraagstelling

1. Is de huidige en gangbare cultuurdefinitie voldoende om een organisatie te beschrijven in haar normen en waarden, mythen en verhalen, symbolen, structuur en processen?

2. Zo nee, kunnen we dan onderbouwen welk element of deel van een organisatie binnen de cultuurdefinities niet wordt beschreven, terwijl deze wel invloed uitoefent op de organisatie als geheel?

3. Zo ja, kunnen we dat element of deel dan als een onafhankelijk, zelfstandig 'opererend' deel zien van de organisatiecultuur?

4. Is er een methodiek denkbaar waarbij de verandermanager zicht krijgt op de invloed van dit zelfstandig opererend deel op het geheel van veranderingen binnen de organisatiecontext?

De huidige cultuurdefinities

> If you have always done it that way, it is probably wrong.

Charles Kettering, inventor

In de literatuur kent het woord cultuur vele definities. Kroeber and Kluckhonh (1952) hebben in 1952 al 164 definities van cultuur beschreven, echter niet binnen organisaties, maar binnen grotere sociale context van volkeren en stammen. Door de industrialisatie werden organisaties groter en werden zij belangrijke vertegenwoordigers van sociale netwerken.

In de jaren 70 van de vorige eeuw werden organisaties beschreven als sociale netwerken met daarbij de gedachte dat daar ook een cultuurelement in meespeelt, de zogenaamde organisatiecultuur; Turner (1971), Eldridge and Crombie (1974), Handy (1976), Pettigrew (1979) en Hofstede (1980). Aan deze organisatiecultuur werden ook specifieke eigenschappen toebedeeld. In het artikel "Theories of Organisational Culture" van Allaire en Firsirotu (1984):

> *Indeed, the proposition that organisations have cultural properties, that they breed meanings, values and beliefs, that they nurture legends, myths and stories, and are festooned with rites, rituals and ceremonies has been gaining rapidly in popularity.*

De cultuur binnen organisaties bevat dus waarden en normen, legenden, mythen en verhalen, riten, rituelen en ceremonies, als waren het verkleinde versies van volkeren en stammen. Of, in andere woorden, het theater waar de employee zijn verlangens en eigenschappen kan uitleven.

In de vele beschrijvingen is er de algemene tendens dat organisaties socioculturele systemen zijn, of zouden moeten zijn, die het individuele verlangen reflecteren naar structuur en bescherming. Een andere belangrijke vaststelling binnen de genoemde aspecten van de organisatiecultuur (waarden, normen etc.) wordt verwoord door:

> *Underneath the multiplicity of observable forms of organization may lurk some universal, immanent structure corresponding to the need structure of members or, perhaps, of those members more able to influence the nature and shape of the organization (...) [they] come to reflect in their goals and strategies the 'value needs and preferences' of their founders, chief executives or key managers.*
>
> ***Allaire en Firsirotu (1984)***

Hier lees ik een belangrijk element in de definitie van organisatiecultuur. Naast het feit dat zij andere verborgen veelvormigheid zien in organisaties, geven ze ook aan dat *founders* etc. daarin een belangrijke rol spelen in de reflectie van waarden, normen en voorkeuren. Ook wordt hier, voor het eerst, het verband gelegd tussen de natuur *(nature)* van de organisatie en haar vorm of structuur *(eng: shape)*. Cultuur is een algemene vorm van rationele, verifieerbare normen en waarden etc. zoals deze zich binnen de organisatiecontext afspeelt. Wordt de cultuur echter binnen een organisatie in een bepaalde structuur geplaatst, dan ontstaan er verschillende uitingsvormen van deze cultuur. Handy (1984) heeft de vier vormen van gestructureerde cultuur beschreven: *Machtscultuur, Rolcultuur, Taakcultuur en Persoonscultuur.*

Ik noem dit hier omdat de uitingsvorm van de cultuur niet door de algemene eigenschappen van cultuur wordt bepaald, maar door de structuur waarin zij zich openbaart. We zien hierin de vergelijking met het individu die zich aanpast aan de bestaande omgeving of structuur, waardoor slechts een deel van zijn eigenschappen zichtbaar wordt.

Het individu

Niet 'ik denk dus ik ben', maar 'ik beleef dus ik word'.

Eduard Baas

Het Individu

Maar hoe staat het nu met het individu dat zich, via zijn werk, verbindt met een organisatie en dus noodzakelijkerwijs, met de cultuur van die organisatie? Het individu dat op zoek gaat naar een nieuwe werkgever in een nieuwe organisatie zal een organisatie om verschillende redenen selecteren. Ten eerste zal hij kiezen op basis van in hoeverre de organisatie hem kansen biedt om zijn kwaliteiten, vaardigheden en expertise te benutten en verder te ontwikkelen. Daarnaast zal er gekeken worden naar de financiële aspecten, de werkplek, reistijden, secundaire arbeidsvoorwaarden etc. Dit zijn de rationele aspecten. Echter, de mens is niet louter rationeel maar kent emoties, driften en drijfveren, die het rationele overstijgen; Freud (1921), Jung (1933), Horney (1945), Erikson (1978). Het individu kiest niet louter alleen het hoogste salaris, de beste secundaire arbeidsvoorwaarden of de kortste reistijd in woon-werkverkeer, maar ook of het 'goed voelt', of hij past binnen de organisatie qua intuïtief 'voelen', of hij zich 'thuis' kan voelen binnen die organisatie.

> *One frequent proposal (cf. Malcolm, 1962) is that we draw an analogy from our own case to that of others. We find that a certain kind of stimulus situation will provoke in us particular feelings, thoughts, wishes and actions; consequently, when we see another in the same kind of situation and manifesting similar external behaviour, we infer by analogy that he or she has been having feelings and thoughts like ours.*
>
> *John R. Maze&Rachael. M Henry, Theory Psychology 1996; 6;401*

De projectie van eigen (gevoels)delen op de ander is niet per definitie een rationeel bewust proces, maar vaker een door het onbewuste aangestuurd proces. Kortom, niet-rationele overwegingen spelen een belangrijke rol. Ofwel luisterend naar Kets de Vries (1991), die het kort en krachtig verwoordde "De mythe van de rationele organisatie is al lang geleden ontploft".

Het individu en zijn onbewuste

> De prijs voor onbewuste gehoorzaamheid is het verlies aan heelheid.
>
> *Zweig & Abrams*

Het feit dat de mens, het individu, niet louter uit rationele overwegingen bestaat, maar ook onbewuste drijfveren kent is voor het eerst gepostuleerd door Freud (1856 - 1939). Deze beschreef de voorloper van het onbewuste in de Studien Uber Hysterie (1896), die hij samen met Josef Breuer (1842 - 1925) schreef. In 1899 verscheen zijn boek; Die Traumdeutung, uitgegeven in 1900, over de relatie tussen het onbewuste en de inhoud van dromen. Waarbij Freud het nog als leidend principe had over de vraag naar het waarom, heeft Jung (1875 - 1961) meer het waartoe voor ogen. Daar waar Freud het vooral zag als een driftmatig, sexueel deel, zag Jung (1933) het vooral als beschermend deel om de balans te bewaren.

Voor we verder gaan is het noodzakelijk om de termen bewust en onbewust te definiëren. Freud (1933) maakte zich er handig vanaf door te stellen dat "het bewuste deel buiten alle twijfel was", hetgeen voor deze thesis onvoldoende onderbouwing geeft. In zijn artikel "The Expirimental Study of Psychoanalytic Unconscious" geeft Paul Klein (1987) een eenvoudige en toepasbare handreiking door Dollard en Miller (1950) te citeren, namelijk dat: "Het bewuste datgene is wat we kunnen verwoorden". Dit maakt ook het onbewuste qua definitie helder namelijk alle mentale processen of staat waarin wij ons bevinden die niet te verwoorden zijn. Daarmee bedoelen we ook wat Freud (1933) het preconscious noemde. Het onbewuste wordt ook niet zomaar, zonder duidelijke inspanning, bewust. In termen van bewustwording kan het preconscious eerder bewust worden dan het unconscious. Freud (1933).

In vele artikelen van leerlingen van Freud zoals Carl Jung, Alfred Adler, Melanie Klein, waarbij de laatste het Freudiaans gedachtegoed is blijven hanteren, en Jung en Adler hun eigen weg zijn gegaan, is het bewuste en het onbewuste op vele manieren beschreven. Jung heeft daarbij nog een onderscheid gemaakt tussen het Collectief onbewuste en het Persoonlijk onbewuste, waarbij het laatste het gevolg is van persoonlijke (negatieve) ervaringen. Ik citeer hier Eric van de Loo (2007) in zijn paper: "Psychoanalyse en organisatie":

> *... het kleine kind het soms zwaar te stellen heeft met intense angsten, boosheden en frustraties die opgeroepen worden. (...) Wezenlijk is dat de ervaren frustraties in relatie tot de buitenwereld kunnen leiden tot projecties Wat in de eigen persoon niet meer te dragen is, wordt als een onbewuste beschermende maatregel aan iets in de buitenwereld toegeschreven. Delen van het zelf worden afgesplitst en mede met behulp van andere defensiemechanismen als idealisering en ontkenning in de ander geprojecteerd.*
>
> ***Eric van de Loo, 2007***

Projectie is de overdracht van onbewuste neigingen op personen en voorwerpen buiten ons.

> *Niemand geeft graag zijn eigen duisternis toe. Mensen die geloven dat hun Ego hun totale psyche vertegenwoordigt, die de andere hoedanigheden die er ook toe behoren niet kennen, en ook niet willen kennen, zijn maar al te zeer geneigd die onbekende delen van hun ziel te projecteren op de hen omringende wereld.*
>
> ***Jacobi, 1967***

Projectie is niet per definitie slecht, het geeft ons het vermogen om in contact met de wereld te komen. Maar vaker is het de maskering van de slechte kant in onszelf, geprojecteerd op de ander. Als boosheid in je gezin van herkomst er niet mocht zijn, als dat werd afgewezen in je vroege jeugd, als dat in je persoonlijk innerlijke koffer moest worden opgeborgen dan zijn allen die boos worden, 'minderwaardig', 'raar', 'hebben zich niet in de hand', 'slappelingen' etc. Als je die boosaardigheid in jezelf herkent en erkent, en je gaat ervaren dat anderen met dezelfde aspecten worstelen als jijzelf, dan kun je die projectie terugnemen.

Het individu in de organisatie

Het individu met zijn bewuste en onbewuste delen, stapt een organisatie binnen. Daarmee echter is het erg onwaarschijnlijk dat, bij het binnentreden, zijn onbewuste delen, zoals bijv. projecties verdwijnen. Het individu blijft een persoon die zijn negatieve, onbewuste ervaringen, opgeslagen in zijn persoonlijk onbewuste, zal blijven projecteren naar de organisatie en dat zal, onbewust, effect hebben op het cultuurdeel van de organisatie. Er gebeurt echter meer. Het individu zal, als er meerdere individuen zijn met gelijkluidende projecties, zich sterker verbonden voelen met die specifieke projecties dan met 'afwijkende' projecties. Naast dus een bewust groepsproces, dat zo herkenbaar en meetbaar is, treedt er ook een onbewust groepsproces op.

> *If we accept as a basic assumption that every human individual is at any time part and parcel of a group, or, to put it in a different way, of a number of groups according to which aspect of him we consider, if we accept this, we must assume that there is some form of community or communication within such a group.*
>
> **S.H.Foulkes, *Acces to the Uncoscious Processes in the group analytic group, group Analysis 1971; 4;4***

In de communicatie liggen de projecties besloten. Er is geen strikte scheiding in de vele vormen van communicatie, tussen het bewuste en onbewuste. Vormen van communicatie zijn: verbale, nonverbale, gevoelsexpressies, emoties etc.

> *Much of these communication or these communication processes, can be conscious, but more often they are not. It must also be noted that even quite conscious transmissions have their unconscious aspects. We need only think, even in de verbal ac of transmission, of the accompanying expression, the tone of voice etc. Talking, which is after all the main manifest occupation of the group, carries an emotional charge, - but we must also consider the meaning in the unconscious and symbolic sence of the term of the act of talking.*
>
> **S.H.Foulkes, *Acces to the Uncoscious Processes in the group analytic group, group Analysis 1971; 4;4***

Door deze (onbewuste) symbolische communicatie zal er in de groep een 'shared value' ontstaan, een specifieke interactie wat Foulkes - resonantie - heeft genoemd:

> *This unconscious highly specific reaction in respons to a stimulus is roughly what I have called 'resonance'. This may take the form of sympathic symptom formations, defensive mechanisms and other responses. Resonance is a good example of communication which can take place* ***without any particular active interaction, without any particular message sent and receive****... (onderstreping van mij. EJB).*
>
> ***S.H.Foulkes, Acces to the Uncoscious Processes in the group analytic group, group Analysis 1971; 4;4***

Er vindt dus, zonder woorden en zonder voorafgaande bewuste actie een communicatie plaats in de groep die een zeker effect heeft op het bewuste handelen van die groep. Earl Hopper geeft in "The social unconscious" aan dat:

> *The concept of the social unconscious refers to the excistance and constraints of social, cultural and communicational arrangements of which people are unaware. Unaware, in so far as these arrangements are not perceived (not 'known'), and if perceived not acknowledged ('denied'), and if acknowledged, not taken as problematic ('given'), and if taken as problematic, not considered with an optimal degree of detachment and objectivety. Although social constraints are sometimes understood in terms of myth, ritual and custom, such constraints are in the realm of the 'unknown' to the same extent as the constraints of instincts and fantasies, especially in societies with high status rigidity*
>
> ***Hopper, 1981***

Hier wordt dus de onbewuste groepsbeleving (social unconscious) losgekoppeld van de socioculturele context. Hopper maakt hier een onderscheid tussen de (socio)culturele belemmerende of beperkende aspecten (myth, rituals etc.) en de aspecten van de 'unknown'. Het culturele heeft hierbij dus een onbewust aspect volgens Hopper, waar het objectiveerbare aan ontbreekt. Dit komt overeen met Freud (1915):

It is a very remarkable thing that the Unconscious of one human being can react upon that of another, without passing through the Conscious. This deserve closer investigation… but, descriptively speaking, the fact is incontestable.

Freud (1915/1962b, p. 194)

Resumerend kan ik hier stellen dat er onbewuste elementen in het individu een rol spelen: (Freud 1923), (Breuer 1901), Paul Klein (1987), en dat het individu binnen de sociale context van een organisatie dit onbewuste deel inbrengt, dat er onbewuste communicatie plaatsvindt, in directe verbinding met de bewuste boodschappen, maar niet zichtbaar van cultureel perspectief. Dit noemen we: 'social unconscious':, Karen Horney (1937), Fromm (1984), Hopper (1981) of: 'Resonantie' Foulkes (1971).

Dit onbewuste deel zal dus, zoals ik betoog, aan de buitenkant niet zichtbaar zijn, omdat haar actieve interactie zonder bewuste boodschap wordt uitgezonden en ontvangen. Freud (1915), Foulkes (1971). In de sociale cultuur binnen organisaties zijn dus onbewuste krachten of aspecten aanwezig, die deze (uiterlijke of naar buiten gerichte) cultuur kunnen sturen of beïnvloeden. Door deze onbewuste aspecten los te koppelen van de socio-culturele context, komt er mijns inziens ruimte voor separaat onderzoek en het leren begrijpen van deze onbewuste aspecten en de wezenlijke beïnvloeding van deze aspecten op de bewuste socio-culturele performance van de organisatie. Deze onbewuste aspecten, *losgekoppeld van de socio-culturele context*, geef ik een aparte plek binnen de organisatiecontext, waarmee ik de traditionele socio-culturele context splits in twee op zichzelf staande gebieden.

Cultuur en Natuur als afzonderlijke grootheden

```
No problem can be solved from the same
conscious that created it.
```

Albert Einstein

In mijn hypothese heb ik aannemelijk gemaakt dat er een afzonderlijk, onbewust deel aanwezig is binnen elke sociale groep en/of organisatie. De definitie van de algemeen toegepaste term "socio-culturele", waarin het onbewuste deel integraal aanwezig is, wordt daarom gesplitst in een bewuste aansturend deel en een onbewust aansturend deel. Het bewuste deel noem ik Cultuur (Hoofdletter C) en het onbewuste deel noem ik Natuur (Hoofdletter N). Deze Natuur laat zich niet beschrijven in geijkte en bekende termen die zo passend zijn bij de cultuur (kleine letter) van een organisatie. De Cultuur van een organisatie zijn al die delen zoals kennis, vaardigheden, structuur, processen, maar gesplitst van het Natuurelement (onbewuste, niet zegbare, niet verwoordbare, maar wél beïnvloedende aspecten). Het Natuurdeel van een organisatie loopt parallel met de onbewuste aansturing van het individu:

In various kinds of social systems, people tend unconsciously to recreate situations (in terms of actions, fantasies, object relations and affects) that they have occurred at an other time and space, such that the new or later situation may be taken as 'equivalent' to the old or previous one

Hopper, 1980

Met dát verschil dat de Natuur van een organisatie niet louter een optelsom is van individuele onbewuste delen maar een eigen dynamiek en vorm heeft door verschillende vormen van projectieve identificatie:

Although 'equivalence' is based on the social unconscious, it is analogous to a person's creation of symptoms or dreams in terms of unconscious fantasies emanating from the biologically based unconscious mind or Id, at least from the point of view of traditional psychoanalysis. Equivalence occurs trough forms of externalization and internalization, including projective and introjective identification.

Hopper, 2001

Er vindt dus identificatie plaats via een onbewust deel van de groep.

Definities van Cultuur en Natuur

Cultuur: Het geheel aan meetbare, trainbare, verwoord- en veranderbare menselijke prestaties, vaardigheden, kennis en mogelijkheden en aangewend ten bate van de organisatie, vervat in structuren, regels en gedragscodes en gedrag. Cultuur is snel veranderbaar door kennis en bewustwording.

Natuur: Het geheel aan indirect meetbare en indirect trainbare menselijke uitingsvormen die niet kwantificeerbaar zijn in gangbare (Cultuur)termen, maar wel invloed uitoefenen op het geheel der organisatie in prestatie en output, een eigen dynamiek en uitingsvorm heeft. De Natuur is langzaam veranderbaar.

De Cultuur nader bekeken

Nu de organisatiecultuur gesplitst is in een Natuurdeel en een Cultuurdeel, kunnen we de Cultuur gaan beschouwen op haar uiterlijke (trainbare, verwoordbare) kenmerken. Binnen het vak verandermanagement komen we in organisaties allerlei verschillende vormen van gedrag tegen, uiterlijke kenmerken van individuen en groepen. Dit gedrag kent niet alleen naar buiten (omgeving, collega etc.) een positieve en negatieve exponent, maar ook ten aanzien van het individu zelf een positief en negatief deel.

Cultuur: Gedrag

Ik heb al vastgesteld dat het individu niet zijn persoonlijk onbewuste aflegt aan de poort van de organisatie en dat dit dus van invloed is binnen de organisatie waarin hij werkt. Deze invloed binnen het Cultuurdeel zijn de positieve delen zoals kennis, vaardigheden, processen, uiteindelijk richtinggevend aan gedrag, maar kan ook een negatieve component bevatten die ik hier aanduid als aangepast gedrag.

Cultuur: Aangepast gedrag

Aangepast gedrag omschrijf ik als die competenties die worden getoond en uitgeoefend, maar die niet vanuit een innerlijke gedrevenheid worden geleverd, maar vanuit de aanpassing ter bescherming van het eigen ik. Deze bescherming wordt beschreven door Hirschhorn (1988) als social defence. Als ik de artikelen van Wilfred Bion (1961) lees met daarin zijn drie basisveronderstellingen (Basic assumptions à afhankelijkheid, fight-flight en pairing), dan ontbreekt daar het fenomeen van de aanpassing. Aanpassing is een uitstekende strategie binnen de uitvoering van taken en rollen, die wij van kinds af aan hebben geleerd en verfijnd. Zodanig zelfs dat wij niet meer beseffen dat, soms uitstekende competenties, niet gedreven zijn door innerlijke drijfveren maar als bescherming dienen.

> *... de manier waarop iemand zich gedraagt mede bepaald is door gebeurtenissen en invloeden vanuit het verleden. Vooral de invloed van sleutelfiguren is groot omdat deze de basis vormen voor latere innerlijke draaiboeken voor relaties en gedrag. Deze inner scripts bepalen veel van iemands latere gedrag, ook in organisaties. Persoonlijke kernthema's kennen een grote stabiliteit over de tijd en blijken ook met psychotherapie of psychoanalyse moeilijk veranderbaar.*
>
> ***Eric van de Loo, 2007***

Veel van deze 'inner scripts' worden gevormd ter bescherming van de eigen identiteit. Het (jonge) kind is afhankelijk van de liefde, geborgenheid en goedkeuring van de opvoeder. Het past zich voortdurend aan, in antwoord op conflicterende situaties. Het is juist deze aanpassing die op latere leeftijd meer zichtbaar wordt en via de psychoanalyse meer bewust kan worden. Deze aanpassing als beschermingsconstructie is zodanig routineus, dat deze niet meer als zodanig wordt herkend, tenzij er bewuste aandacht via psychoanalyse op wordt gericht. In die zin is het dus, ondanks het feit dat het niet bewust wordt ervaren, als uitingsvorm geen onbewustheid. In andere woorden; de oorzaak ligt weliswaar in het onbewuste maar het is een bewuste uitingsvorm. Aangepast gedrag is derhalve een onbewuste aanpassing, waardoor het niet bewust aanwezig is als innerlijke drijfveer, maar de uitwerking in de uiterlijke wereld zichtbaar is voor iedereen. Deze uiting is dus zeker niet onbewust in termen van de bewustzijnsdrempel. Aangepast gedrag hoort dus bij de Cultuur van een organisatie.

> *Larry Hirschhorn (1988) spreekt over drie verschillende sociale onbewuste afweermechanismen: de rituelen, coalities en basisaannames. Deze dienen om de aan het werk gerelateerde angsten te kunnen beteugelen. Daarmee worden vroege(re) patronen van de ouder-kind en kind-kindrelatie door de onbewuste impact op de emotionele gebeurtenissen gereactiveerd.*

Kortom: aanpassing aan de omgeving is een zeer natuurlijke, zij het onbewuste actie ter bescherming. Een eigenschap van aangepast gedrag is, dat als er druk ontstaat op de persoonlijkheid, dat deze aanpassing negatief gaat werken. Vasthoudend wordt dogmatisch, besluitvaardig wordt onbezonnen, controle wordt manipulatie, overtuigingskracht wordt hoogmoedig etc. Juist binnen de context van veranderkundige interventies en processen is dit een essentieel gegeven omdat juist op het moment dat veranderingen worden ingezet, de druk als het ware intrinsiek en onvermijdbaar wordt verhoogd. Dat is ook de reden dat menig verandermanager verrast wordt door de toename van de weerstand, die in eerste instantie niet aanwezig leek.

In de praktische wereld zien we dit gebeuren bij schandalen zoals Enron en AH. De druk werd groter en de aangepaste gedragingen, die, als de druk niet groot genoeg is, uitwerken als competentie, gaan dan als competentie negatief uitwerken. Ineens bleek het controlerende deel zodanig onder druk te staan dat manipulatie onvermijdelijk wordt als aangepast gedrag binnen hun individuele beschermingsconstructie. Eerst is er de individuele manipulatie die, ondergronds, overgaat in collectieve manipulatie. Vanaf de zijlijn lijkt zoiets onbegrijpelijk maar het onbewuste is onverbiddelijk en vasthoudend: bescherming van het eigen -ik- gaat te allen tijde voor.

Het is echter onmogelijk om dit op eigen kracht, door eigen inzicht, naar de oppervlakte te brengen. Het Baron van Münchhauseneffect, namelijk jezelf uit het moeras omhoog trekken, bestaat niet in de materiële wereld maar ook niet in de psychische wereld. We kunnen niet gelijktijdig subject en object zijn!

De Natuur nader bekeken

Het ontstaan van de Natuur in een organisatie

In de meest elementaire vorm ontstaat de Natuur van de organisatie bij de oprichter, de eigenaar, de founder van de organisatie. Zijn eerste onbewuste projecties en onbewuste eigenschappen vormen de Natuur van de organisatie. Als de organisatie groeit, sluiten zich individuen aan die zich niet alleen op de op pagina drie genoemde aspecten aansluiten, maar onbewust een aansluiting vinden in de projecties (ofwel de Natuur) van de oprichter. Het lijkt echter of de organisatie als geheel, met alle individuen erin, een bewuste keuze heeft gemaakt op basis van cognitieve motivatie. In werkelijkheid is er, volgens mijn hypothese, sprake van gerichte aansluiting bij de onderliggende Natuur van de organisatie.

Foulkes (1964) beschrijft vier niveaus van relaties en communicatie in de groep:

1. *The current level – everday relationship in which the group represents the reality, community, social relationships and public opinion. The conductor is perceived as a leader or authority.*
2. *The tranference level – corresponding to mature object relations, where the group represents the family, the conductor is perceived as a parent and the group members as siblings.*
3. *The projective level – corresponding to primitive object relations of part-objects with projected and shared feelings and fantasies. Members can represent elements of the individual self. The group represents the mother image or even her womb, and body images are reflected and represented by the group and its members.*
4. *The primordial level – the group represents shared myths, archetypical images and the collective unconscious.*

Brown (2001) brengt in dat de niveau's 2, 3 en 4 zich niet alleen lenen voor individueel onbewustzijn, maar ook vóórkomen tussen en over groepen. We kunnen daarbij aannemen, aldus Brown, dat het sociale onbewuste in alle van deze drie genoemde groepen kan voorkomen. Daarnaast zet het bijv. fusies in een ander daglicht. Fusies van verschillende organisaties, met aantoonbare Cultuursynergie, mislukken meer dan gemiddeld of sluiten slechts moeizaam aan, vaak met verlies van de synergie. Wellicht dat het wezen van de Natuur van de afzonderlijke organisatie en de onderliggende Natuur verschillen een rol spelen in succesvolle integratie.

> *No matter what the approach considered, they all propose a view of the organisation that invariably suprises us. I believe that this is a particularly due to the fact that these approaches allow us to see the so-called technical failures or 'political' earings that take place in the organization – the repeated setbacks in the implementation of a strategic policy, indecisive behaviour on the part of the managerial staff, 'irrational' resistance to change by certain categories of employees, managerial inefficiency, and so on (the list is obviously not exhaustive) – in a new light*
>
> ***Kets de Vries, 1991***

Of:

> *From a psychoanalytic perspective, such 'dysfunctions', as they are commonly called in the world of organizations, are not, strictly speaking, dysfunctional at all; rather they function on 'another scene' that sometimes emerges into view; the scene of the unconscious as radically other.*
>
> ***Gilles Arnaud (2002) "The organization and the symbolic; Organiszational dynamics viewed from a Lacanian perspective. Human Relations 2002; 55; 691***

Bewustzijn

De Natuur speelt, gesplitst vanuit het traditionele cultuurbegrip, een onafhankelijke, onbewuste rol in organisaties en is daarmee een nieuw en belangrijk fenomeen binnen organisaties, en haar effect op veranderkundige processen. Deze Natuur kan zowel positief zijn als negatief. Onbewuste processen zoals projecties op de ander, zijn niet alleen negatief. Projectie van het opgroeiende kind op een popidool kan de aanzet zijn tot eigen, positieve ontwikkeling, tot bewustzijn van de eigen mogelijkheden en kwaliteiten. In een bepaalde fase van het leven is projectie juist zinvol om tot eigenwaarde te komen. Positieve projectie op de leider van de organisatie leidt tot een nieuwe impuls en de energie om rollen en taken goed en zorgvuldig uit te voeren. Of zoals we al eerder opmerkten: het geeft ook de zeer noodzakelijke verbinding met de wereld.

Het is mede daardoor waar leiderschap in wordt bevestigd: niet alleen de aansluiting in de Cultuur, maar zeker ook door aansluiting in de Natuur van een organisatie. Het kan m.i. tevens verklaren waarom leiders niet per definitie succesvol zijn in organisaties. Bewezen leiders kunnen mislukken in een andere omgeving of, in mijn hypothese, andere Natuur waar deze leider geen aansluiting bij kan vinden. Het is daarom mijn visie dat leiderschap niet alleen een kennis/ vaardigheden- component kent of stijlen waar zoveel over geschreven is, maar een zodanig brede Natuur dat deze aansluit bij organisaties. Ik hecht daarom meer waarde aan innerlijk leiderschap, waar in mijn definitie de Natuur in besloten ligt, dan aan strategisch, visionair of authentiek leiderschap, welke meer de kennis/ vaardigheden structuur bevat. De positieve Natuur kan dus tot persoonlijk bewustzijn leiden en een bijdrage leveren aan een positieve organisatieontwikkeling.

Collectieve Projectie

De negatieve Natuur komt tot uiting in de negatieve projecties die als bescherming worden ingezet.

> *Het is dan niet voldoende deze projecties in te zien of ze als belachelijk af te doen, tenminste niet op den duur, want archetypen horen tot het onvervreemdbare bestand van iedere psyche... het archetype af te doen als waardeloos betekent zonder meer een verlies. Het gaat er integendeel om deze projecties los te maken, om hun inhouden weer terug te geven aan de mens, die ze verloren heeft door spontane projectie buiten zichzelf.*
>
> *Jung (1933), Archetype en onbewuste, Lemniscaat, VW 2*

De negatieve projecties kunnen dus weer positief worden, waardoor de negatieve onbewuste lading, zo karakteristiek voor slecht functionerende organisaties, bewust gemaakt wordt.

De Neo-Freudianen hebben veel geschreven over projecties en hun verbinding met het individu waaronder: Adler (1928), Jung (1933), Fairbairn (1965). In een schematische voorstelling ziet het geheel aan positieve en negatieve uitingen van Cultuur en Natuur er als volgt uit:

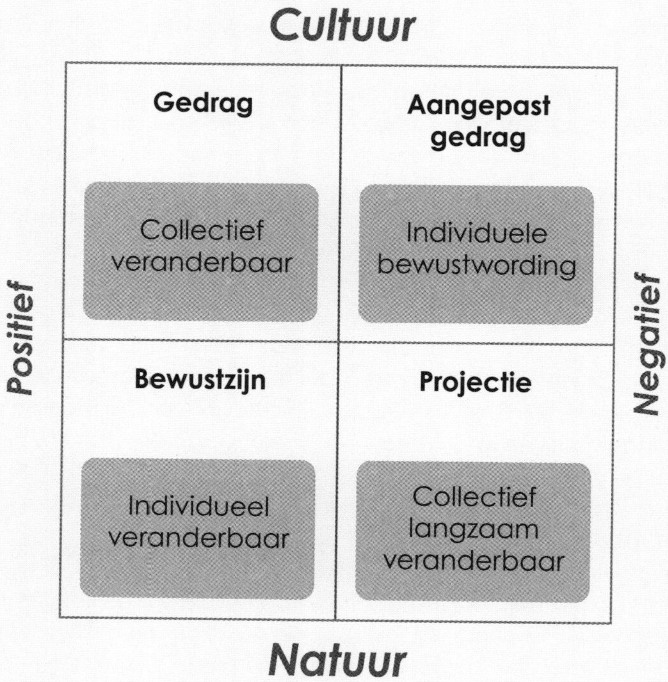

Fig. B1: De vier kwadranten van Cultuur en Natuur

Bespreking

> Organizational performance is like riding a bike: for a balance you must keep moving.
>
> *Vrij naar Albert Einstein*

Het is tijd om terug te keren naar de oorspronkelijke vraagstelling.

Ik heb aannemelijk gemaakt in deze hypothese dat de in de literatuur benoemde organisatiecultuur verfijning behoeft en dat het cultuurdeel kan worden gesplitst in een Cultuurdeel en in een Natuurdeel. In het schema hiervoor bestaat een deel van de Cultuur uit aangepast gedrag. Ik heb aangetoond dat het aangepast gedrag een onbewuste drijfveer heeft en dat het individu zich daar niet van bewust is.

Als de verandermanager onderkent dat trainen van aangepast gedrag een negatief effect kan hebben, zal veel progressie gemaakt kunnen worden in de effectiviteit van interventies. Veel interventies die worden toegepast hebben geen effect op het individu die de interventie ondergaat, omdat deze niet ontvankelijk is vanuit zijn kernkwaliteiten. Kort door de bocht: Men kan een koe niet laten blaffen. Als daarnaast het Natuurdeel in de projectie naar buiten wordt meegewogen in de doelstelling en strategie van de verandering, heeft het gehele proces van verandering een hogere slagingskans. Ik vervolg met de onderbouwing vanuit de kwadranten.

Cultuurdelen: Gedrag en aangepast gedrag

De Cultuur, afgesplitst van het socio-culturele deel, heeft een positief deel (gedrag) en een negatief deel (aangepast gedrag). Dit aangepast gedrag zit in de basishouding van het opgroeiende kind verankerd, door, zoals eerder opgemerkt in zijn strijd zich zodanig te gedragen dat hij niet wordt afgewezen door hen waar hij, als niet volwassene, afhankelijk van is. Het ontlopen van de strijd kan alleen door aanpassing, waarbij de aanleiding verder onbewust wordt en de aanpassing zelf als competentie naar de buitenwereld wordt getoond.

Natuurdelen: Bewustzijn en collectieve projectie

Ook hier kunnen we spreken van een positief Natuurdeel (positieve identificatie) en een Negatief Natuurdeel (Negatieve identificatie). Het positieve Natuurdeel is dat medewerkers binnen een organisatie zich (onbewust) verbinden met de leider en daarmee het eigen innerlijke proces op een hoger plan kunnen brengen. Dit is een bewustwordingsproces waarbij de leider een rolmodel is. In een gezond individu is dit een tijdelijk rolmodel omdat, door bewustwording, dit wordt geïnternaliseerd en dus gelijkwaardig wordt. Het negatieve Natuurdeel van de organisatie is de uitkomst van de individuele, onbewuste eigenschappen die zich uit in projectie en schaduwdelen, die het individu onmogelijk kan afleggen als hij zich voegt in een socio-culturele omgeving. Deze Natuureigenschappen hebben een collectief karakter omdat het individu zich, onbewust, aangesloten voelt bij de projecties van de anderen waardoor een collectief onbewuste ontstaat, met eigen dynamiek en uitingsvorm.

Aangepast gedrag

Naast de bewuste Cultuuraspecten zoals, kennis, vaardigheden, competenties, gedrag, bestaan er ook, binnen de Cultuur, onbewuste delen die ik aangepast gedrag heb genoemd. Het, vanuit veranderkundig opzicht, louter sturen en meten van de bewuste gedragsdelen zoals kennis, vaardigheden structuren, processen e.d. laat een deel van de Cultuur onbelicht, namelijk het deel van de gedragsaanpassing die voor de organisatie nu juist zo belangrijk is. Het niet onderkennen van het aangepast gedrag, dat, zoals ik liet zien, nu juist in een fase waarin de organisatie onder druk komt te staan, een rol van betekenis gaat spelen, maakt een organisatorische verandering uiterst onzeker in haar uiteindelijk succes.

In de huidige literatuur wordt er mijns inziens niet op dergelijke neveneffecten gewezen met betrekking tot dit aangepast gedrag. En deze zijn de realiteit van alledag per definitie aanwezig. Ontkenning van het fenomeen aangepast gedrag, ontkent een groot gedeelte van de ontwikkelingspsychologie van de mens. Het probleem ligt hem in het feit dat het individu zijn competenties, ofwel dat waar hij goed in is, niet als aangepast gedrag herkennen kan. De aanleiding daartoe ligt namelijk in het onbewuste deel, als deel van de verdringing uit de (vroege) jeugd.

Collectieve projectie

Naast het aangepast gedrag uit de Cultuur, is er ook het fenomeen van de collectieve projectie, aangeduid met collectieve projectie binnen het Natuurdeel van de organisatie. Deze 'onderwater- energie' projecteert negatieve aspecten op de organisatie als geheel waardoor performance, output, samenwerking en uiteindelijk succes niet optimaal kunnen zijn. In haar uiterste vorm is de collectieve projectie een vernietigende kracht die een organisatie ernstig kan belemmeren in haar groei en succes. In de definitie geef ik aan dat deze projecties slechts veranderbaar zijn door de inbreng van nieuwe genen. Hiermee bedoel ik het volgende.

Dat wat wij vanuit ons onbewuste projecteren krijgt versterking binnen de sociostructuur waarbinnen ik mij bevind. Deze gehele sociale context wordt a.h.w. 'gebruikt' om de eigen projecties vorm te geven en te stimuleren. Er vindt aansluiting plaats binnen deze projecties. Deze ketting van reacties kan m.i. slechts doorbroken worden als er nieuwe genen, nieuwe individuen met andere wellicht tegengestelde projecties worden ingebracht. Het vervangen van personen binnen een organisatie om het projectieve deel te veranderen is m.i. de enige werkzame methode, voor een snelle, adequate verandering.

Implicaties voor de veranderkundige praktijk

> When a changemanager does not know what harbour to look for, no wind is the right wind.
>
> *Vrij naar Seneca*

Bespreking

Bovenstaande hypothese kan van grote betekenis zijn voor de veranderkundige praktijk. De kern van mijn hypothese bevat twee nieuwe onderzoeksgebieden die in de verandermanagement- literatuur onvoldoende of niet belicht worden, te weten:

1. Het aangepast gedrag binnen de Cultuur.
2. De positieve en negatieve identificatie met de Natuur van de organisatie.

De splitsing van de traditioneel aanvaarde socio-cultuur in een Cultuurdeel en Natuurdeel heeft gevolgen voor aanpak en uitwerking van verandervraagstukken in organisaties en bedrijven. Niet alleen in het meewegen van de afzonderlijke Natuur, die 'ondergronds' een invloed uitoefent op de 'bovenwereld' maar ook omdat het Cultuuraspect een verandering ondergaat, nu het is losgeweekt van zijn Natuurdeel.

De verandermanager kan niet meer louter en alleen leunen op de Facts & Figures van de organisatie, niet meer alleen afgaan op de gedragskant van de personen in de organisatie, maar zal zich rekenschap moeten geven van, voor hem, onzichtbare factoren die tóch een (belangrijke) invloed uitoefenen op het geheel aan interacties en ontwikkelingen binnen het veranderproces.

Bewustwording binnen het veranderproces

De verandermanager wéét dat gedrag een negatieve component kan hebben en zal dit, door voorlichting, training, gespreksgroepen e.d. proberen te verminderen en ze voor 'de goede zaak' te winnen. Nu echter een deel van het gedrag 'ondergronds ' plaatsvindt, zal hij op een andere wijze moeten kijken en handelen in relatie tot gedragsmatige componenten. Dit maakt het veranderproces meer complex en minder transparant. Het is echter van grote importantie om ideeën en wegen te ontwikkelen, waardoor dit complexe fenomeen kan worden gevangen in modellen en/of procesinrichting, zoals dit ook langzaam maar zeker geleerd wordt voor de gedragsmatige aspecten van individuen binnen organisaties.

Hoe nu verder?

Er blijven vele vragen over:

A. Op welke wijze is er een mogelijkheid om vast te stellen wat aangepast gedrag is en wat niet? In andere woorden: Hoe komen we de werkelijke kerncompetentie van een individu te weten?
B. Hoe kunnen we zichtbaar maken, hoe en hoeveel onbewuste projecties er zijn binnen de organisatie, en wat hun effect is op de prestatie van een organisatie?
C. Zijn er theoretische concepten denkbaar om deze onbewuste processen in een verifieerbaar kader te krijgen, waardoor de verandermanager een beter beeld krijgt van deze onbewuste processen?
D. Op welke wijze kunnen de in A, B en C benoemde fenomenen de verandermanager in praktische zin ondersteunen in het positief afsluiten van veranderprocessen binnen organisaties?

Meten en herkennen van aangepast gedrag

Ik wil hier een praktische methodiek beschrijven die ik toepas binnen mijn veranderpraktijk in het herkennen van aangepast gedrag en het onderkennen van de invloed van het collectieve schaduwdeel. Met nadruk wijs ik erop dat dit slecht een eerste hypothese is, die verder wetenschappelijk onderzoek vereist om tot een valide, verifieerbare en falsificeerbare meetmethode te komen, die binnen het vak verandermanagement kan worden toegepast. Het aantal metingen dat is verricht en opgeslagen in de database bedraagt circa 600 personen.

Verificatiemethodiek

Een term die in de geciteerde tekstfragmenten regelmatig terugkomt is archetype. Deze archetypen vertegenwoordigen innerlijke beelden die een individu een eigen kleuring kan meegeven. Een archetype op zich bestaat niet, het is het individu die een archetype van een persoonlijk beeld voorziet. Vergelijk het met elektrische stroom: de stroom op zich is niet zichtbaar, pas als ik er een lamp op aansluit wordt het effect van de stroom zichtbaar, heel specifiek door het type lamp (lees: het individu) dat gekozen is. Een archetypisch beeld is dus zeer individueel.

Een andere belangrijke eigenschap van een archetypisch beeld is dat het zich niet laat sturen door het bewustzijn. Archetypische beelden zijn van alle tijden en van alle culturen. In elke cultuur kent men de held, de dwaas, de heks etc. Bij het noemen van een dergelijk collectief archetype heeft iedereen een beeld, maar wel een persoonlijk beeld. In een recentelijk ontwikkeld meetinstrument kiest een individu een persoonlijk archetypisch beeld genaamd symchetype (samenvoeging van symbool en archetype) met daarbij behorende competenties. De symchetypische beelden worden eerst gekozen, daarna de competenties, terwijl de deelnemer niet het verband weet tussen de keuze van archetype en competentie. De gemaakte keuzes worden op een plattegrond bij elkaar gebracht en vormen een zogenaamde competentiekaart of regelkring.

De essentie is dat een archetype onbewust gekozen wordt (beeld) terwijl de competenties bewust worden gekozen (tekst). De relatie tussen archetype en competentie levert een match op tussen beeld (onbewust) en tekst (bewust). Daarbij kan een uitspraak worden gedaan over kerncompetentie, ontwikkelpunt of aangepast gedrag. Een archetype dat (innerlijk) wordt verworpen, maar als tekst wordt gekozen, heeft aangepast gedrag als uitkomst.

Het instrument wordt door mij veel toegepast, waarbij de resultaten verrassend zijn. Verrassend omdat in een coachingsgesprek de kandidaat zorgvuldig wordt bevraagd hoe de competentie is ontstaan. (De kandidaat weet niet dat de keuze die hij/zij heeft gemaakt een werkelijke competentie is, of een competentie op basis van aangepast gedrag). De coach weet dat wel op basis van de meetuitkomst. De kandidaat gaat in het gesprek na hoe bepaalde competenties zijn ontstaan en, als er druk op een kwaliteit wordt uitgeoefend, hoe hij/zij daar op reageert. De overeenkomst tussen keuze en bevestiging vanuit het gesprek is zeer hoog (> 90%) Het hoe en waarom is nog niet geheel duidelijk. De resultaten worden in een database vastgelegd en worden Evidence Based onderzocht.

Conclusie

Binnen de veranderprocessen in organisaties ligt de nadruk, naast de materiekant, de sturingskant en de organisatie-contextkant, op de aanpak en bijsturing van het gedrag van het individu. Dit gedrag kent niet alleen de zichtbare, verifieerbare en trainbare 'bovenwereld', maar kent ook een 'onderwereld'.

De verandermanager kan voordeel halen als hij zich er van bewust kan en wil zijn dat er zich processen afspelen die buiten zijn gezichtsveld vallen. Het vereist flexibiliteit en aanpassing van de verandermanager om die elementen die zich niet eenvoudig in meetresultaten laten uitdrukken, tóch een plek te geven binnen de veranderkunde en zijn procesmatige aanpak van de veranderingen. Het is onmiskenbaar dat de laatste jaren de aandacht voor onbewuste processen en aansturing groeiende is, en het aantal wetenschappelijke publicaties met dit onderwerp sterk stijgt. Ook is er een populariserende tendens zichtbaar (Het Slimme Onbewuste, Ap Dijksterhuis 2007), waardoor dit in handzame taal voor een groot publiek bereikbaar wordt.

Deze Thesis geeft nog geen praktische modellen, meetmethoden of zelfs tips voor het meewegen van onbewuste processen. Maar een bewustwording dát dergelijke processen ook hun invloed uitoefenen zou, wat mij betreft, al een stap voorwaarts zijn. Want als we deze fenomenen serieus nemen, kunnen we nieuwe inzichten verwerven en wellicht in de toekomst via meetmethoden en/of modellen de onbewuste aansturing herkennen en aanpassen, zodanig dat de slagingskans van complexe veranderingen verder toeneemt.

Eduard Baas, Juli 2008.

Literatuurverwijzing

Arnaud, Gilles (2002). The Organization and the Symbolic: Organizational Dynamics viewed from a Lacanian perspective. Art Human Relations 2002; 55; 691.

Ashkenas, Ron et all (2002). The Boundaryless Organization: Breaking the chains of organizational structure. Jossey Bass.

Avey, James B. at all (2008). Can Positive Employees help Positive Organizationasl Change? Art Journal of Applied Behavioural Science 2008; 44; 48.

Barrett, Richard (2006). De Waarde(n) van mijn bedrijf. Scriptum.

Bruel, Maurits en Colsen, Clemens (2007). De Geluksfabriek: over het binden en boeien van mensen. Scriptum.

Collins, Jim (2001). Good to Great. Random House Business Books.

Cozijnsen, Anton J. (2004). Anders veranderen: Sturen op slaagfactoren bij complexe verandertrajecten. FT Prentice Hall.

Cozijnsen, Anton J. en Vrakking, Willem J. (2003). Handboek verandermanagement. Kluwer.

Foulkes, S.H. (1971). Access to Unconscious processes in the groep Analytic Group. Art Group Analysis 1971; 4; 4.

Freud, S. (1961). The Ego and the Id. The standard edition of the complete psychological words of Sigmund.

Freud (Vol 19) London. Hogard (Org 1923)

Freud, S. (1961). The Unconscious. The standard edition of the complete psychological words of Sigmund.

Freud (Vol 14) London. Hogard (Org 1915).

Green, Alan (1996). A Company Discovers Its Soul. Berret- Koehler Publishers.

Have, Steven en Wouter (2003). Het boek verandering: over het doordacht werken aan de organisatie. Academic service.

Helfgott, Jacqeline B. (1997). The relationship Between Unconscious Defense Process and Conscious Cognitive Style in Psychopaths. Art Criminal Justice and Behaviour 1997; 24; 278.

Hopper, Earl (2001). The social Unconscious: Theoretical considerations. Art. Group Analysis (2001).

Jansen, P.G.W. (1996). Organisatie en Mensen: Inleiding in de bedrijfspsychologie voor economen en bedrijfskundigen. Nelissen Soest.

Jung, C.G. (1977). Het ik en het onbewuste. Servire. (Org 1933).

Jung, C.G. (1984). Psychologie van de overdracht. Ontwikkeling tot individuatie. Lemniscaat. (Org 1935).

Kay, Neil M. (1982). The evolving firm. The Macmillan Press LTD.

Kets de Vries, M.E.R. (2006). Leaders on the couch. Chichester: John Wiley.

Keuning, Doede en Wolters, Matthijs (2007). Structuur Doorzien. FT Prentice Hall.

Kline, Paul (1987). The experimental study of the Psychoanalytic Unconscious. Art Pers. Soc. Psychol. Bull 1987; 13; 363.

LeDoux, Joseph (2007). Unconscious and conscious contributions to the emotional and cognitive aspects of emotions. Art. Social Science information 2007; 46; 395.

Lewicki, Pawel and Hill, Thomas (1987). Unconscious Processes as Explanation of Behaviour in Cognitive, Personality and sociall psychology. Art. Pers Soc Psychol Bull 1987; 13; 355.

Loo, E.L.H.M. van de (2004). Leiders moeten zich kwetsbaarder durven opstellen. Boek verandering: Have S.

Maze, John R. and Henry, Rachael M. (1996). Psychoanalysis, Epistemology and intersubjectivity: Theories of Wilfred Bion. Art. Theory Psychology 1996; 6; 401.

Metselaar, E.E en Cozijnsen, A.J. (2005). Van weerstand naar veranderingsbereidheid. Holland Business Publications.

Sandic, Marijana and Aneta (2006). The Archetypes Echoed in the Collective Unconscious of the people. Art Group Analysis 2006; 39; 411.

Steele, Robert S. and Morawski, Jill G. (2002). Implicit Cognition and the social Unconscious. Art Theory Psychology 2002; 12; 37.

Thygesen, Bente (2008). Resonance: No Music without Resonance-Without Resonance no Group. Art. Group Analysis 2008; 41; 63.

Willmott, Robert (2000). The place of culture in Organization Theory: Introduction the Morphogenetic Approach. Art in Organization 2000; 7; 95.

Bijlage C
Meten van aangepast gedrag

Zoals op verschillende plaatsen in dit boek naar voren komt, is het van essentieel belang om het verschil te onderkennen tussen competenties die van nature bij je horen en competenties die voortkomen uit aangepast gedrag. Daarom is het goed om te weten dat er methodes bestaan om aangepast gedrag te meten. Ik noem er twee: MBTI en ACT.

MBTI: Meyers Briggs Type Indicator

Carl Jung onderscheidt vier typen van informatieverwerking: Denken, Voelen, Intuïtie en Gewaarworden. Deze typenleer van Jung is door Meyers en Briggs gebruikt als basis voor een test waarmee je de voorkeur van iemand voor een bepaald type kunt bepalen. Deze test is wereldwijd in gebruik en wordt MBTI (Meyers Briggs Type Indicator) genoemd. Met deze typevoorkeur kan ook de interactie tussen personen onderling worden verklaard. Zo wil een Gewaarwordingstype graag de facts & figures horen, terwijl een Intuïtief type het voldoende vindt om innerlijk 'te weten'. De kiem van een samenwerkingsprobleem is hiermee gelegd, omdat beiden vanuit een andere werkelijkheid leven.

ACT: Analytical Competence Tool

ACT (Analytical Competence Tool), is een methode om competenties te meten en deze te verbinden met het onbewuste. ACT kan aangepast gedrag zichtbaar maken door te werken met een combinatie van teksten en beelden. De teksten bestaan uit beschrijvingen van competenties en de beelden zijn zogenoemde symchetypen: symbolische beelden die een persoonlijke innerlijke voorkeur weergeven. Symchetypen zijn afgeleid van de archetypen van Jung, maar er is een verschil. Archetypen hebben betrekking op het collectief onbewuste, en symchetypen op het persoonlijk onbewuste.

De combinatie van competentiebeschrijvingen en beelden maakt zichtbaar waar de kernkwaliteiten van de ACT-deelnemer liggen, en waar sprake is van aangepast gedrag. Het bewust worden van aangepast gedrag heeft een duidelijk effect op organisaties. Conflicten zijn nu, net als bij MBTI, te verklaren en dus beter te voorkomen of te hanteren. Daarnaast kunnen leiders, managers en medewerkers ingezet worden op de competenties die van nature bij hen passen, en niet op competenties die voortkomen uit aanpassing. Dit komt het samenwerken en het welbevinden in een organisatie ten goede, maakt gerichte inzet van scholingsmiddelen mogelijk en doet het ziekteverzuim sterk afnemen.

In het land van de metingen is ACT relatief nieuw, maar in de laatste jaren is deze methode inmiddels duizenden keren toegepast op individueel, team- en organisatieniveau. ACT is gebaseerd op literatuur van de psychologen Adler, Jung en Rogers. Daarnaast vormt de analyse van ervaringen van de ACT-deelnemers een bron voor verdere wetenschappelijke onderbouwing.

Bijlage D

De Transactionele Analyse van Eric Berne

Onderstaand wordt in het kort deze interactie tussen individuen besproken. Deze interactie is uitermate belangrijk om de communicatie tussen individuele werknemers, teamleden en de organisatie als geheel op waarde te kunnen schatten.

In de interactie tussen mensen zijn er drie basishoudingen te herkennen. De mens die in contact staat met een ander kan zich als Ouder manifesteren, als Kind of als Volwassene. Deze manifestaties liggen niet vast, maar kunnen in gesprekken tussen mensen snel wisselen.

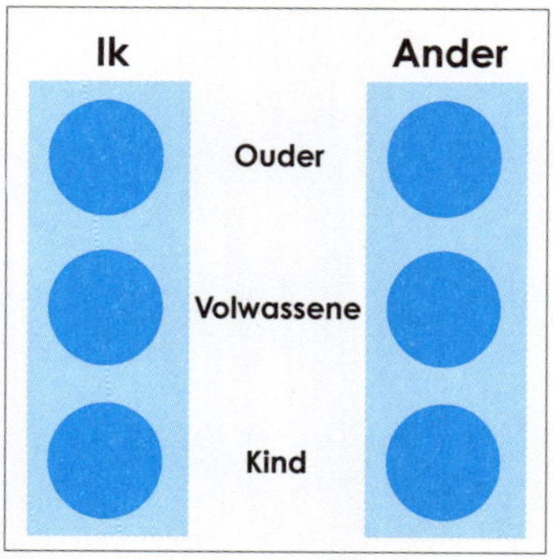

Afb. D1

De Ouder

De naam Ouder is gekozen als de beste omschrijving, omdat het gaat over het registreren van voorbeelden en uitspraken van de eigen ouders (of hun plaatsvervangers) die vroeger de meeste indruk hebben gemaakt. De Ouder bestaat uit een gigantische hoeveelheid representaties die in het geheugen zijn opgeslagen. Meestal zijn dat opgedrongen en onberedeneerde externe indrukken, opgedaan in de eerste vijf levensjaren. De Ouder is specifiek voor ieder persoonlijk, omdat de registraties van die reeks vroege ervaringen voor elk individu uniek zijn. Deze informatie is rechtstreeks geregistreerd zonder voorafgaande correctie of connectie, omdat het jonge kind afhankelijk is en nog niet in staat begrippen te vormen. Dit maakt het voor het kind onmogelijk om wijzigingen, correcties of generalisaties aan te brengen of verklaringen te vinden. In de Ouder zijn alle vermaningen, regels en wetten, goed en kwaad geregistreerd die het kind van zijn ouders te zien of te horen kreeg.

We spreken over de periode vanaf wellicht de conceptie tot het moment van socialisatie (van 5 tot 7 jaar) die de gehele ouderlijke communicatie omvat, verbaal en non-verbaal. In deze geregistreerde representaties zijn de duizenden keren *nee* en *niet doen* opgenomen, de tikjes op de vingers, het weghalen uit gevaarlijke situaties, de blijde gezichten, de kirrende kreetjes, de boze gezichten, het opgeheven vingertje, enzovoort.

Wat later worden hier duizenden moet-ismen, waarden en overtuigingen aan toegevoegd. Wellicht zijn die vanuit opvoedkundig of ethisch standpunt goed bedoeld, misschien zijn ze goed of slecht, maar in de kinderziel worden ze geregistreerd als de waarheid! Met een permanente registratie die niemand kan verwijderen; een opname op een band die het hele leven kan worden afgedraaid. Zij vormen de basis voor onze houding in het leven. Denk hierbij ook aan de inconsequentie van de vele ouderlijke handelingen. Roken is slecht… maar ze roken zelf wel. Alcohol idem dito… maar zelf drinken ze graag een glaasje. Lieg niet… maar zelf vertellen ze wel leugens.

Voor het kind is het niet veilig om deze inconsequenties openlijk in twijfel te trekken, en dus raakt het innerlijk verward en bang. Omdat deze gegevens verwarring en angst veroorzaken, verdedigt het kind zich door de registratie (deels) uit te schakelen. Door dergelijke tegenstrijdige informatie uit te schakelen zal het kind ook veel goedbedoelde informatie niet registreren; die krijgt geen kans door te komen als sterke invloed in het leven van deze persoon. In het latere leven zullen bij mensen die niet in staat zijn achteraf deze informatie te evalueren, typische Ouder-gewoonten en waarden als vastgeroest achterblijven. Vooral als de oorspronkelijke instructies met strenge nadruk zijn gegeven. Vaak zijn dergelijke geboden, voorzien van de versterkende voorvoegsels als *nooit*, *altijd* en *vergeet dat niet*, de basis voor onze filters die we later zelf aanbrengen.

Het Kind

Terwijl de gegevens van wat wij de Ouder noemen worden geregistreerd tot één geheel, wordt tegelijkertijd een andere registratie gestart. Een registratie van interne gebeurtenissen, en de reacties van de kleine mens. De reacties op wat hij hoort en ziet, zijn gevoelens, zijn beperkt begrip, gebouwd op onbegrip: de gevoelsmatige levensopvatting. Het kind heeft dan nog geen vocabulaire tot zijn beschikking, reacties zijn dus gevoelsmatig. Hij is nog klein, afhankelijk, onhandig en onbekwaam en erg gevoelig voor boze blikken, tikjes of verwaarlozing. Bovendien wordt hij blootgesteld aan een veelheid van onbegrijpelijke absolute en starre eisen waar hij geen touw aan kan vastknopen.

Er is een aangeboren, genetische aanleg tot eten en drinken, zijn behoefte doen, op momenten waarop het lichaam dat aangeeft. Een aanleg om alles te onderzoeken, overal op te slaan, aan te raken, te vermorzelen en dingen doen om te kijken, te horen en te voelen wat er dan gebeurt. De ouders (opvoeders) reageren hierop en wijzen op regelmaat, orde en regels, die in tegenspraak zijn met de natuurlijke behoeften van het kind. Beloningen en straf uit bestwil, naast goedkeuring die telkens kan wegvallen of veranderen leveren een onpeilbaar mysterie op voor het kind dat te weinig informatie heeft om te oordelen. *Het is mijn schuld. Alweer. Het is altijd mijn schuld. Dat zal het ook altijd blijven.* Het standaard patroon van onze opvoeding is in feite een frustrerend civilisatieproces wat leidde tot een reeks negatieve gevoelens. Of in termen van de Transactionele Analyse: het kind komt tot de conclusie : *Ik ben Niet O.K.*

Deze conclusies en voortdurende beleving van ongelukkige gevoelens worden permanent vastgelegd in het geheugen, het neurologisch systeem, en kunnen niet zomaar worden gewist. Deze permanente vastlegging is het restje Kind wat overblijft bij ieder kind, ook uit een perfect gezin, en zeer zeker uit een situatie van grove verwaarlozing, wreedheid of mishandeling. Net als de Ouder is het Kind een zijnswijze waar iedereen, elke persoon naar kan overgaan tijdens zijn huidige transacties.

Alle prikkels kunnen de kinderjaren doen herleven en dezelfde gevoelens oproepen die we toen ondergingen. Als we nu worden geconfronteerd met onmogelijke alternatieven, als we ons nu in het nauw gebracht voelen of dat ook werkelijk zijn, roepen die situaties het Kind tevoorschijn. Via ons taalgebruik uiten we het herbeleven van oorspronkelijke gevoelens van frustratie, verwerping, verlatenheid of machteloosheid, en beleven we een nieuwe versie van de oorspronkelijke depressie van het kleine kind. Dus als een mens in de ban is van zijn (negatieve) gevoelens, zeggen we dat het Kind aan het woord is. Als iemands verstand wordt overheerst door zijn woede, zeggen we dat zijn Kind de leiding heeft. Feitelijk overdreven emoties, niet rationeel verklaarbaar – al deze informatie komt door in de actuele transacties.

In het Kind zitten ook positieve kwaliteiten. Denk hierbij aan nieuwsgierigheid, creativiteit, de zucht naar onderzoeken, aanraken, voelen, ervaren en de eerste ongeëvenaarde gevoelens van *Oooh, zit dat zo!'* Ervaringen, de primeurs in het leven; het verlangen naar Zelf! Deze gevoelens van intense blijdschap worden eveneens vastgelegd. Bij alle Niet O.K.- registraties vormen deze positieve ankers een tegenwicht dat ook opnieuw kan worden beleefd. De onvoorwaardelijke liefde, de intense tevredenheid, de warme veiligheid, de onbegrensde mogelijkheden, bieden de mens ook in zijn huidige transacties een gevoel dat alles mogelijk moet zijn. In het algemeen is echter wel, onder meer via onderzoek, vastgesteld dat in onze wereld de Niet O.K.-gevoelens de goede gevoelens verre overtreffen.

We kunnen vaststellen dat de ontwikkeling van de Ouder en het Kind in hoofdzaak plaats vindt gedurende de eerste 5 levensjaren. Het feit dat het kind in de socialisatieperiode, welke aanvangt als het kind naar school gaat, de Ouder gaat gebruiken, is hierbij een duidelijke indicatie. Wat de negatieve emoties betreft is het vrijwel uitgesloten dat er een emotie is die een 5-jarige niet in de hevigste vorm heeft ondergaan.

De Volwassene

Als een kind zo'n jaar oud is gebeurt er iets bijzonders. Tot die tijd bestond het leven uit veel hulpeloze en ondoordachte reacties op gebeurtenissen in zijn omgeving. Het kind heeft dan al een Ouder en een Kind in zich. Tot die tijd had het echter nog niet het vermogen om een reactie te kiezen of zijn omgeving te beïnvloeden, kon het geen richting geven en heeft het eenvoudig alles genomen zoals dat kwam. Rond de tien maanden begint het kind de macht van de eigen beweging te ervaren: het kan dingen hanteren, begint te bewegen en geeft het alle aandacht aan dingen bekijken en onderzoeken. Het begint in een wereld te leven.

Het kind gaat ontdekken dat hij in staat is iets te doen wat uit zijn eigen bewustzijn voortkomt, uit zijn eigen oorspronkelijk wezen.

Deze zelfverwezenlijking is het begin van de Volwassene. De gegevens in de Volwassene nemen toe naarmate het vermogen van het kind toeneemt om zelf verschillen te ontdekken tussen de aangeleerde opvattingen in zijn Ouder, en de gevoelsmatige levensopvatting in zijn Kind. Het ontwikkelt langzamerhand een doordachte levensopvatting, gebaseerd op het verzamelen, sorteren en verwerken van gegevens.

De Volwassene representeert het volwassen standpunt, het standpunt dat origineel is en uit eigen onderzoek voortkomt. Het is een standpunt dat niet meer volledig gevormd wordt door de ouderlijke patronen of de kinderlijke patronen, maar door de objectieve ervaringswereld om hem heen. Natuurlijk, ook de volwassene ontkomt niet aan zijn eigen kind-zijn of ouderlijke imprint, maar is zich daar in hoge mate bewust van. Er zijn dus niet veel echt volwassen mensen.

In mijn coachpraktijk verwachtte ik een keer vier managers van een groot internationaal bedrijf. En het is daarbij zeer eenvoudig om de nog krachtig aanwezige kindfactor te onderzoeken. Bij binnenkomst begroette ik de mannen met: "Ha Jochie". Drie van de vier werden boos. Veel meer is dus niet nodig om de meest doorgewinterde manager terug te laten keren naar zijn negatieve innerlijke patronen. Maar ik had geluk. De vierde vond het een koosnaam. En daardoor kon het kinderlijke element, door het verschil in reactie, worden geanalyseerd. En werd het toch nog een leerzame middag.

Als Volwassene kan het individu onderscheid maken tussen het leven zoals hem dat werd gedemonstreerd en geleerd (Ouder), het leven zoals hij dat aanvoelde, wenste of droomde (Kind), en het leven zoals hij dat zelf verklaart (Volwassene). De Volwassene is nooit uitgeleerd.

Bijlage D De Transactionele Analyse van Eric Berne

D

Bijlage E

Zenger - Fortman: 16 Leadership Competences

The skills that leaders need at every level

We were asked to analyze a competency model for leadership development that a client had created. It was based on the idea that at different points in their development, potential leaders need to focus on excelling at different skills. For example, in their model they proposed that a lower-level manager should focus on driving for results while top executives should focus on developing a strategic perspective.

Intuitively, this makes sense, based as it is on the assumption that once people develop a skill, they will continue to exercise it. But, interestingly, we don't apply it in athletics; athletes continue to practice and develop the same skills throughout their careers. And as we thought about the excellent senior executives we have met, we observed that they are, in fact, all very focused on delivering results, and many of the best lower level managers are absolutely clear about strategy and vision. This got us to wondering: Are some skills less important for leaders at certain levels of the organization? Or is there a set of skills fundamental to every level?

To see, we compiled a dataset in which we asked 332,860 bosses, peers, and subordinates what skills have the greatest impact on a leader's success in the position the respondents currently hold. Each respondent selected the top four competencies out of a list of 16 that we provided. We then compared the results for managers at different levels.

As you might expect, the skills people reported needing depended not only on their level in the organization but also on the job they held and their particular circumstances. But even so, there was a remarkable consistency in the data about which skills were perceived as most important in all four levels of the organization we measured. The same competencies were selected as most important for the supervisors, middle managers, and senior managers alike, and six out of the seven topped the list for top executives. Executives at every organizational level, our respondents reported, need a balance of these competencies. The other nine competencies included in the study were chosen only half as frequently as the top seven.

What leadership skills do you need most?
These competencies were voted the most important for all management positions.

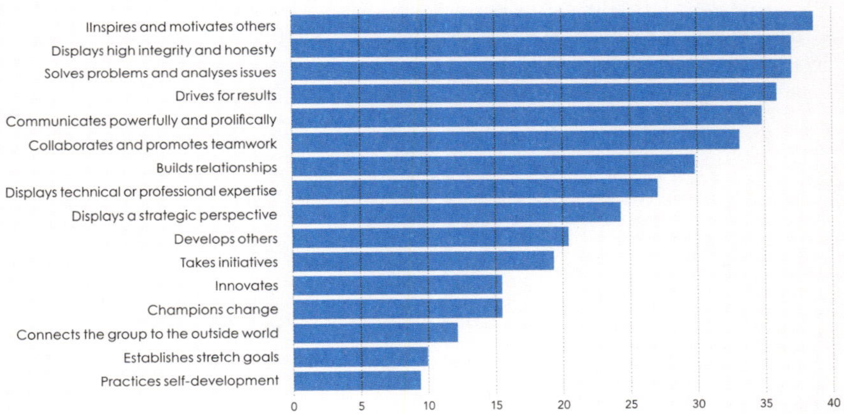

Grafiek E1

Source Zenger/Folkman

This suggests to us that as people move up the organization, the fundamental skills they need will not dramatically change. Still, our data further indicate, the relative importance of the seven skills does change to some degree as people move up. So, in the graph above the top seven competences are listed in order of importance, as it happens, for the supervisory group. With middle managers, problem solving moves ahead of everything else. Then for senior management, communicating powerfully and prolifically moves to the number two spot. Only for top executives does a new competency enter the mix, as the ability to develop a strategic perspective (which had been moving steadily up the lower ranks) moves into the number five position.

What to make of all this? From our analysis we conclude that there is some logic to focusing on distinct competencies at different stages of development. But, more fundamentally, it shows us that there are a set of skills that are critical to you throughout your career. And if you wait until you're a top manager to develop strategic perspective, it will be too late. Lack of a strategic perspective, our research has further indicated, is considered a fatal flaw even when your current job does not require it. Your managers want to see you demonstrate that skill before they promote you.

So it is useful to ask yourself which competencies are most critical for you right now. But it's also critical to ask yourself which competencies are going to be most critical in the future for the next level job. Demonstrating those skills in your current job provides evidence that you will be successful in the next job.

Bijlage F
Begrippenlijst

Lijst van een aantal in dit boek gebruikte begrippen met toelichting.

Aangepast gedrag
Aangepast gedrag is gedrag dat ontstaan is vanuit het verleden. Het is gedrag waar je baat bij had, maar nu niet meer bij je past.
Blz. 69, 70, 71, 72, 73, 75, 76, 138, 197, 198, 202, 203, 204, 206, 207, 208, 209, 214, 215.

Aangepaste competenties
Competenties die niet van nature bij je passen, maar naar de buitenwereld worden ingezet als beschermingsconstructie; onder druk vervormen deze competenties tot een negatieve variant.
Blz. 73, 75.

Analytical Competence Tool (ACT)
Een nieuwe manier om competenties te meten en te verbinden met het onbewuste. Dit meetinstrument kan aangepast gedrag zichtbaar maken.
Blz. 12, 15, 138, 214, 215.

Angst
Fenomeen in onze psyche dat leidt tot essentiële verstoringen in organisaties. Angst manifesteert zich in tal van verschijningsvormen.
Blz. 53, 62, 67, 87, 102, 115, 116, 147, 153, 154, 155, 156, 157, 158, 159, 160, 161, 165, 191, 198, 217.

Belevingspsychologie
Door de auteur ontwikkelde psychologie, gebaseerd op de inzichten van Carl Gustav Jung, Alfred Adler, Viktor Frankl en Carl Rogers. Belevingspsychologie richt zich op de onbewuste aansturing van ons gedrag en brengt ons dichter bij wie wij zijn.
Blz. 58, 86, 148.

Beslisruimte
De mogelijkheid om door bewustwording van innerlijke patronen objectiever – dat wil zeggen: los van eigen onbewuste vooroordelen – beslissingen te nemen.
Blz. 33, 37, 49, 66, 73, 85, 86, 87, 92, 93, 94, 117, 118, 126, 131.

Bewustwording
Door reflectie op jezelf bewustzijn verkrijgen over je handelen en emotionele reacties.
Blz. 21, 22, 28, 33, 37, 39, 46, 49, 58, 61, 66, 67, 84, 85, 86, 92, 93, 94, 95, 115, 118, 119, 121, 126, 129, 131, 132, 146, 147, 156, 157, 158, 176, 182, 190, 196, 202, 204, 207, 210.

Circle of Change
Bevat de vier benodigde stappen binnen HBM om tot meer verantwoordelijkheid te komen. Deze cirkel toont een continu proces van zelfreflectie, bewustwording, beslisruimte en verantwoordelijkheid.
Blz. 49, 52, 84, 85, 86, 87, 92, 98, 101, 135, 137, 147.

Cirkel van teamkracht
Geeft aan welk teamlid bepaalde kwaliteiten heeft en daarvoor binnen het team verantwoordelijkheid neemt. Biedt daarnaast inzicht in de verschillende manieren waarop individuele teamleden ideeën vormen, beslissingen nemen en omgaan met andere teamleden.
Blz. 138, 139.

Collectief onbewuste
Ligt bij ieder mens als een onbewuste laag onder het persoonlijk onbewuste. Komt tot uiting in archetypen.
Blz. 78, 174, 175, 191, 204, 215.

Competenties
Kennis, vaardigheden en ervaringen die vanaf de jongste jeugd zijn opgedaan en die kwaliteiten zijn geworden.
Blz. 64, 65, 68, 69, 70, 71, 72, 73, 74, 76, 77, 78, 94, 133, 136, 138, 139, 140, 164, 197, 204, 205, 208, 209, 214, 215.

Competentietabel
Overzicht van aangepaste competenties met hun vervormingen.
Blz. 74.

Cultuur
Het geheel van meetbare, trainbare, verwoordbare en veranderbare menselijke prestaties, vaardigheden, kennis en mogelijkheden die worden aangewend ten bate van de organisatie. Cultuur is vervat in structuren, regels en gedragscodes en is snel veranderbaar door kennis, ervaring en gedragsaanpassing.
Blz. 44, 45, 59, 92, 94, 128, 149, 164, 166, 167, 168, 194, 185, 188, 195, 196, 197, 198, 201, 202, 203, 204, 205, 206.

Drijfveren
Onbewuste aansturingen om in actie te komen tot het verwezenlijken van je ambitie
Blz. 12, 34, 44, 63, 66, 68, 73, 78, 94, 113, 115, 118, 121, 128, 137, 149, 174, 184, 185, 189, 190, 197.

Ego
Aanduiding voor het subjectieve Ik. Door integratie van bewuste en onbewuste aspecten van de persoonlijkheid neemt men het eigen ego steeds realistischer waar.
Blz. 29, 64, 89, 96, 113, 147, 191.

Eigenwaarde
Het beeld dat men van zichzelf heeft en waardeert, en dat niet afhankelijk is van kennis, status of macht. Eigenwaarde is de volheid die in zichzelf ervaren kan worden.
Blz. 37, 116, 119, 130, 201.

Human Being Leiderschap (HBL)*
Leiderschap dat is gebaseerd op de durf om zichzelf voorwerp van onderzoek te maken en eigen innerlijke thema's te relateren aan het dagelijks gedrag. HBL resulteert in de autonome mens als persoonlijk leider.

Note *: *HBL, HBM en HRM komen door het hele boek aan de orde. Een verwijzing naar de bladzijden waarop zij voorkomen blijft bij deze drie begrippen achterwege, omdat die een stortvloed aan paginanummers zou opleveren.*

Human Being Management (HBM)*
Een nieuwe managementfilosofie, ontwikkeld om het onbewuste van de mens te betrekken bij haar of zijn werk en leven.

Human Resource Management (HRM)*
Gangbare managementbenadering die de mens als hulpbron (resource) ziet en daardoor slechts een deel van de mogelijkheden van die mens gebruikt.

Kerncompetenties
Competenties waarover je beschikt en die van nature bij je passen.
Blz. 73, 94.

Meyers Briggs Type Indicator (MBTI)
Meetinstrument, gebaseerd op de typenleer van Carl Jung, waarmee iemands voorkeur voor een bepaald type kan worden bepaald en de interactie tussen personen kan worden verklaard.
Blz. 214.

Micro-benchmark
Geeft aan waar teamleden incidenteel van elkaar kunnen lenen en structureel van elkaar kunnen leren. Laat ook zien welke competenties in een team ontbreken en zo nodig van buitenaf moeten worden toegevoegd.
Blz. 139, 140.

Natuur
Het geheel aan indirect meetbare en indirect trainbare menselijke uitingsvormen dat niet kwantificeerbaar is in gangbare termen, maar wel invloed uitoefent op de hele organisatie in prestatie en output, en een eigen dynamiek en uitingsvorm heeft. Natuur is langzaam veranderbaar.
Blz. 32, 44, 45, 92, 93, 94, 129, 131, 149, 164, 166, 167, 168, 182, 185, 195, 196, 199, 200, 201, 202, 206.

Onbewuste aansturing
Set van ervaringen die er voor zorgt dat het uiterlijk gedrag zodanig wordt aangepast dat de ervaringen intact blijven.
Blz. 14, 21, 115, 148, 149, 151, 163, 170, 195, 210.

Onbewuste patronen
In onze jeugd regelmatig terugkerende ervaringen die onbewust zijn geworden en die ons gedrag van vandaag aansturen.
Blz. 21, 22, 32, 33, 35, 69, 94, 150, 161, 164, 170.

Oudersyndroom
In onze vroege jeugd ontstane aanpassingen aan de voorbeelden van onze opvoeders, die later een impact hebben op de manier waarop wij ons tot de ander verhouden, geformuleerd vanuit drie posities: Kind, Ouder en Volwassene. Ontleend aan de Transactionele Analyse van Eric Berne.
Blz. 47, 48, 52, 53, 129, 130, 131.

Persoonlijk onbewuste
Bevat elementen van persoonlijke gevoelens, ervaringen en feiten die men verdrongen heeft, waardoor deze onbewust zijn geworden en niet meer direct in het bewustzijn kunnen worden teruggebracht. Komt tot uiting in symchetypen.
Blz. 59, 78, 159, 174, 175, 176, 191, 192, 196, 215.

Projectie
Het op anderen plakken van je onbewuste emotionele lading door de oude patronen van je opvoeders.
Blz. 36, 46, 48, 58, 59, 61, 62, 63, 68, 71, 95, 176, 189, 191, 200, 201, 202, 203, 204, 205.

Schaduw
Een levend deel van de persoonlijkheid en daarmee een deel van het persoonlijk onbewuste. Schaduw is datgene wat men niet wenst te tonen aan de buitenwereld. De schaduwdelen van onze persoonlijkheid zijn krachtig, autonoom, dominant en dwangmatig van aard.
Blz. 58, 59, 60, 61, 62, 63, 64, 65, 67, 68, 69.

Schaduwwerk
Een langdurig proces van zelfreflectie om je bewust te worden van je eigen schaduw.
Blz. 61, 63, 67, 174.

Schuld
Fenomeen in onze psyche dat mensen vanuit een defensiestrategie doet reageren. Schuld beperkt medewerkers in het optimaal laten zien van hun kwaliteiten, en kent evenals angst tal van verschijningsvormen.
Blz. 62, 160, 161, 218.

Symchetypische beelden
Symbolische beelden die een persoonlijke innerlijke voorkeur of afkeur weergeven. Afgeleid van de archetypen van Carl Jung, met dit verschil: archetypen hebben betrekking op het collectief onbewuste, en symchetypen op het persoonlijk onbewuste.
Blz. 76, 78, 86, 208, 214, 215.

Structuur
Het geheel aan taken, rollen, processen, protocollen en gebouwen van een organisatie, inclusief de wijze waarop deze in onderlinge verhouding tot elkaar staan.
Blz. 44, 92, 93, 128, 186, 187, 188, 195, 201.

Typenleer
Vier manieren om informatie te verwerken, getypeerd door Carl Jung. Deze vier typen komen in dit boek aan de orde onder de volgende benamingen met bijpassende kleuren: Realisme (groen), Gevoel (paars), Intuïtie (rood) en Ratio (blauw).
Blz. 214.

Verantwoordelijkheid
Het volledig bewust zijn van je taak en rol en daar met toewijding en plichtsgevoel aan werken, zonder uitvluchten, beperkingen of vermijding.
Blz. 21, 28, 31, 34, 46, 47, 49, 50, 51, 53, 85, 87, 88, 89, 90, 92, 95, 96, 99, 100, 102, 119, 126, 128, 129, 131, 132, 136, 137, 138, 147, 151, 152, 155, 156, 157, 163.

Zelfreflectie
De eigenschap jezelf ter discussie te stellen op een bewust en onbewust niveau, gedreven door nieuwsgierigheid.
Blz. 37, 49, 85, 86, 92, 93, 102, 106, 126, 128, 131, 150, 151, 159, 161.

Bijlage G
Namenlijst

Namenlijst van de in dit boek genoemde personen.

Aardema, Harrie (1954)
Auteur van *Verbindend Leiderschap* (2004).

Blz. 23.

Abbott Abbott, Edwin (1838 – 1926)
Britse classicus, wiskundige en theoloog, auteur van de allegorie *Flatland, een roman van vele afmetingen* (1884).

Blz. 118.

Adler, Alfred (1870 – 1937)
Oostenrijkse psychiater en psycholoog. Ontwikkelaar van de Indivdualpsychologie, waarin machtsstreven en het minderwaardigheidscomplex een centrale plek innemen.

Blz. 58, 191, 215.

Baas, Eduard (1952)
Changemanager en analytisch therapeut. Oprichter van het Centrum voor Belevingspsychologie, waarin het onbewuste centraal staat. Auteur van *Human Being Management – De vernieuwende managementfilosofie* (2016).

Blz. 24, 159, 160, 178, 182, 189, 210.

Bekman, Adriaan (1947)
Auteur van *Horizontaal leiderschap.*

Blz. 22.

Berne, Eric (1910 – 1970)
Canadese psychiater, gespecialiseerd in groepstherapie en in sociale psychologie. Grondlegger van de Transactionele Analyse.

Blz. 48, 216.

Blanchard, Ken (1939)
Auteur van *The One Minute Manager (incl. Situational Leadership II)* 2013.

Blz. 22.

Blekkingh, Bas
Auteur van *Authentiek Leiderschap* (2005; herziene editie 2013).

Blz. 22.

Burgerjon, Peter
Mede-auteur van *Succesvol Servant Leiderschap* (2008).

Blz. 22.

Bridges, William (1933 – 2013)
Amerikaanse organisatieconsultant en schrijver. Publiceerde in 1991 zijn boek *Managing Transitions.*

Blz. 21.

Carroll, Michael
Auteur van *Mindful Leadership Training* (2016).

Blz. 22.

Covey, Stephen (1932 – 2012)
Auteur van *De zeven eigenschappen van effectief leiderschap* (1989).

Blz. 22.

Dijksterhuis, Ap (1968)
Psycholoog, hoogleraar en organisatie-adviseur. Auteur van *Het Slimme Onbewuste* (2007).

Blz. 174, 210.

Ganzevoort, Wessel (1946)
Bedrijfskundige, organisatieadviseur en hoogleraar. Auteur van *Spiritualiteit in leiderschap* (2003).

Blz. 22, 23, 93.

Goleman, Daniël
Auteur van *Het nieuwe leiderschap* (2002).

Blz. 22.

Frankl, Viktor (1905 – 1997)
Oostenrijkse neuroloog en psychiater; grondlegger van de Logotherapie, een psychotherapeutische methode die mensen helpt bij het ontdekken van de werkelijke waarde van het leven.
Blz. 58.

Handy, Charles (1932)
Ierse auteur en filosoof. Auteur van *Understanding Organisations* (1976).
Blz. 162, 187, 188.

Harlaar, Marlies (1961)
Mede-auteur van *Succesvol Servant Leiderschap* (2008).
Blz. 22.

Have ten, Steven (1967)
Organisatieadviseur, bestuurder en hoogleraar aan de Vrije Universiteit.
Blz. 179, 183.

Hersey, Paul (1931 – 2012)
Auteur van *The Situational Leader* (1985).
Blz. 22.

Jacobi, Jolande (1890 – 1973)
Zwitserse psycholoog en analyticus. Maakte in diverse publicaties de Jungiaanse psychologie toegankelijk voor een breder publiek.
Blz. 191.

Jung, Carl Gustav (1875 – 1961)
Zwitserse psychiater, bekend vanwege zijn schaduw en collectief onbewuste. Grondlegger van de analytische psychologie.
Blz. 58, 59, 174, 175, 189, 190, 191, 201, 202, 214, 215.

Kets de Vries, Manfred (1942)
Psychoanalyticus en hoogleraar leiderschapsontwikkeling. Auteur van *Leiderschap ontraadseld* (2015).
Blz. 22, 190, 200.

Kouzes, James
Mede-auteur van *The Leadership Challenge* (1987) en *Het geheim van leiderschap* (1998).

Blz. 23.

Lindermann, Ietje (1951)
Mede-auteur van *Echt leiderschap* (2009).

Blz. 22.

Maslow, Abraham (1908 – 1970)
Amerikaanse klinisch psycholoog. Bekend om zijn piramide, waarin een hiërarchische ordening wordt aangebracht in de behoeften van de mens.

Blz. 45.

McClelland, David (1917 – 1998)
Amerikaanse gedragspsycholoog, bekend vanwege zijn (in een ijsbergmodel weergegeven) behoeftentheorie.

Blz. 77, 78.

Merry, Peter (1969)
Auteur van Evolutionair leiderschap (2006).

Blz. 22.

Mintzberg, Henry (1939)
Canadese managementwetenschapper, geldt als autoriteit op het gebied van organisatiestructuren.

Blz. 45.

Posner, Barry (1949)
Mede-auteur van *The Leadership Challenge* (1987) en *Het geheim van leiderschap* (1998).

Blz. 22.

Rogers, Carl (1902 – 1987)
Amerikaanse psycholoog en psychotherapeut. Grondlegger van de humanistische psychologie, waarin de groei van de persoonlijkheid centraal staat.

Blz. 58, 215.

Vandamme, Rudy (1958)
Auteur van *Handboek Coachend Leiderschap* (2007).
Blz. 22.

Veenbaas, Wibe (1949)
Mede-auteur van *Persoonlijk Leiderschap* (1997).
Blz. 22.

Wanrooy, Marcel (1955)
Mede-auteur van *Echt leiderschap* (2009).
Blz. 23.

Weisfelt, Piet (1944)
Mede-auteur van *Persoonlijk Leiderschap* (1997).
Blz. 22.

Zweig, Connie (1957)
Amerikaanse counselor. Auteur van *Omgaan met je schaduw* (1998).
Blz. 60, 190.

Bijlage H
Bibliografie

Een korte lijst van geraadpleegde literatuur.

Adler, Alfred. Het moeilijke kind.
Wereldbibliotheek

Almaas, A.H. Het nu van moment tot moment.
ISBN 9789077478240

Baas, Eduard. Luisteren naar binnen.
ISBN 9789077478301

Baas, Eduard. Onbewuste processen in organisaties.
Scriptie, VU-Amsterdam

Baas, Eduard. Human Being Management.
ISBN 9789082529005

Bekman, Adriaan. Horizontaal Leiderschap.
ISBN 9789024244974

Berk, Tjeu van den. Het Numineuze.

Blekkingh, Bas W. Authentiek Leiderschap.
ISBN 9789052614939

Burgerjon, Peter. Succesvol servant Leiderschap.
ISBN 9789013052114

Carroll, Michael. Mindfulness in leiderschap.
ISBN 9789025958985

Covey, Stephen. De zeven eigenschappen van effectief leiderschap.
ISBN 9789047054641

Ganzevoort, Wessel. Spiritualiteit in Leiderschap.
ISBN 9789056251512

Greene, Robert. De 33 wetten van de oorlog.
ISBN 9789029077064

Hamaker - Zondag, Karen. Jungs Psychologische typen in de praktijk.
ISBN 9789074899390

Huijsmans, A. VeranderCanvas.
ISBN 9789462762084

Hersey, Paul. Situationeel Leiderschap.
ISBN 9789025403751

Jung, C.G. Archetype en onbewuste.
ISBN 9060699726

Jung, C.G. Psychologie van de overdracht.
ISBN 9060695399

Jung, C.G. Oerbeelden.
ISBN 9789060695067

Kets de Vries, Manfred. Leiderschap ontraadseld.
ISBN 9789052615882

Kouzes, James. Het geheim van Leiderschap.
ISBN 9789055940622

Rogers, Carl. Mens worden.
ISBN 9789061312482

Sheldrake, Rupert. Seven experiments that could change the world.
ISBN 9781857022988

Sheldrake, Rupert. Een nieuwe levenswetenschap.
ISBN 9789021519395

Smit, Jeroen. Het drama Ahold.
ISBN 9789460032264

Smit, Jeroen. De Prooi.
ISBN 9789044613124

Stevens, Anthony. The two million-Year-Old self.
ISBN 9781585444953

Vandamme, Rudy. Coachend Leiderschap.
ISBN 9789077458044

Veenbaas, Wibe. Persoonlijk leiderschap.
ISBN 9789024405558

Winnicott, D.W. Home is where we start from.
ISBN 9780393306675

Wintzen, Eckart. Eckarts notes.
ISBN 9789056379674

Zweig, Connie. Omgaan met je schaduw.
ISBN 9789021585802

H

Ontmoeting met Eduard Baas?
Ik ontmoet je graag in deze video.

www.theCultureNatureCompany.nl/HBL

Deze uitgave is mede mogelijk gemaakt door het Centrum voor Belevingspsychologie (CvBp) in Delft.

De doelstelling van het CvBp is meer belangstelling te ontwikkelen voor de onbewuste aansturing van mensen. Het Centrum beschouwt de mens als Human Being en heeft oog voor heel de mens, voor meer dan alleen gedrag. De werkzaamheden van het CvBp zijn gericht op het vergaren, vastleggen en uitdragen van kennis. Deze kennis is voor iedereen die privé of beroepsmatig geïnteresseerd is in de activiteiten van het CvBp via de website www.cvbp.nl beschikbaar.

CvBp
Centrum voor Belevingspsychologie